NaturZauber Weihnacht

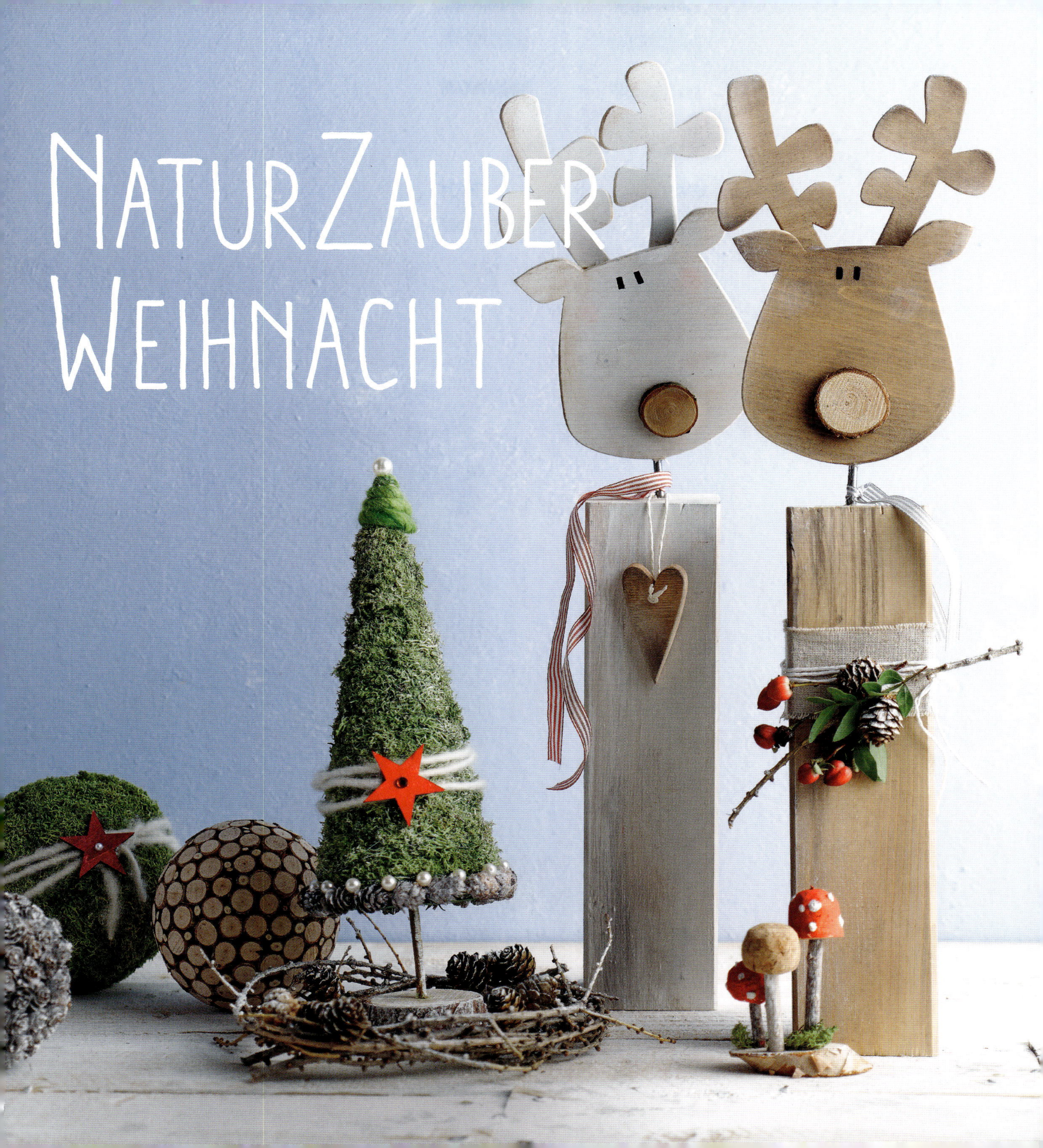

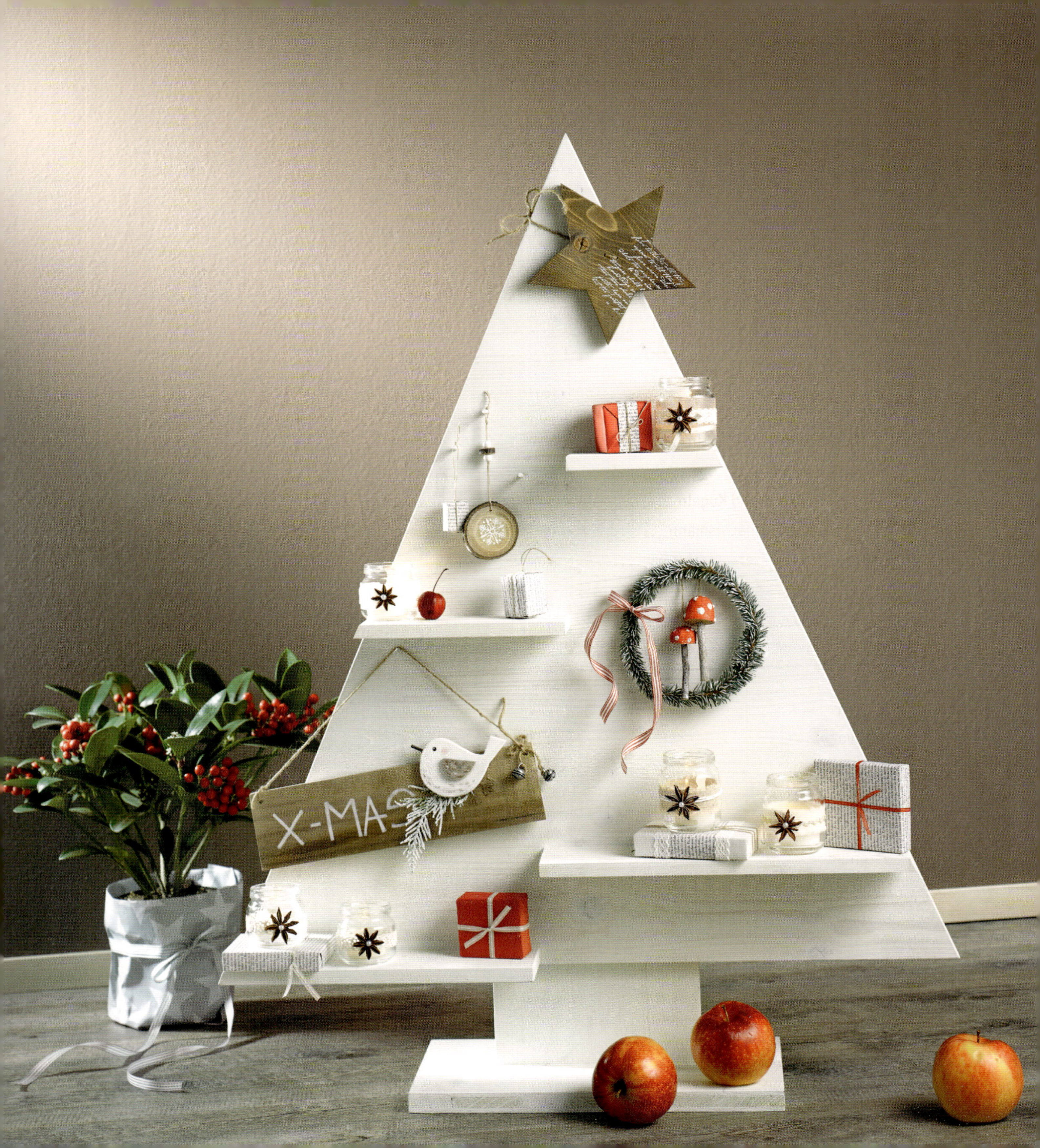
X-MA

INHALT

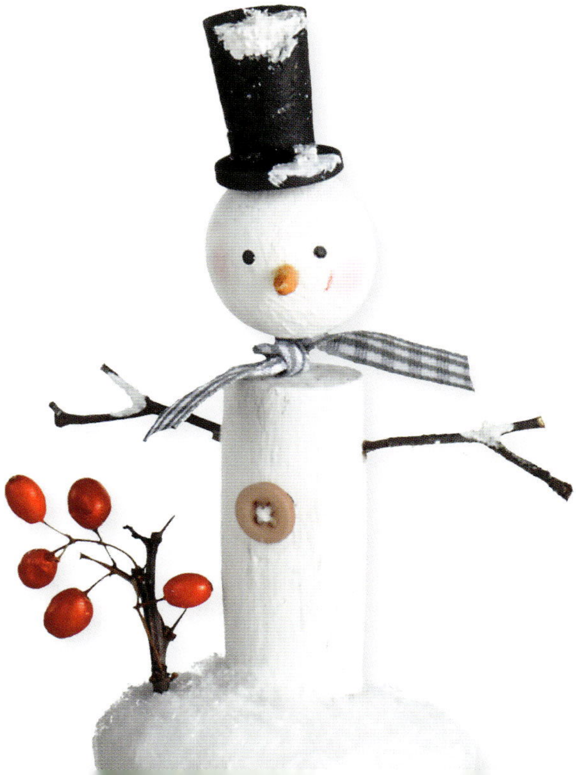

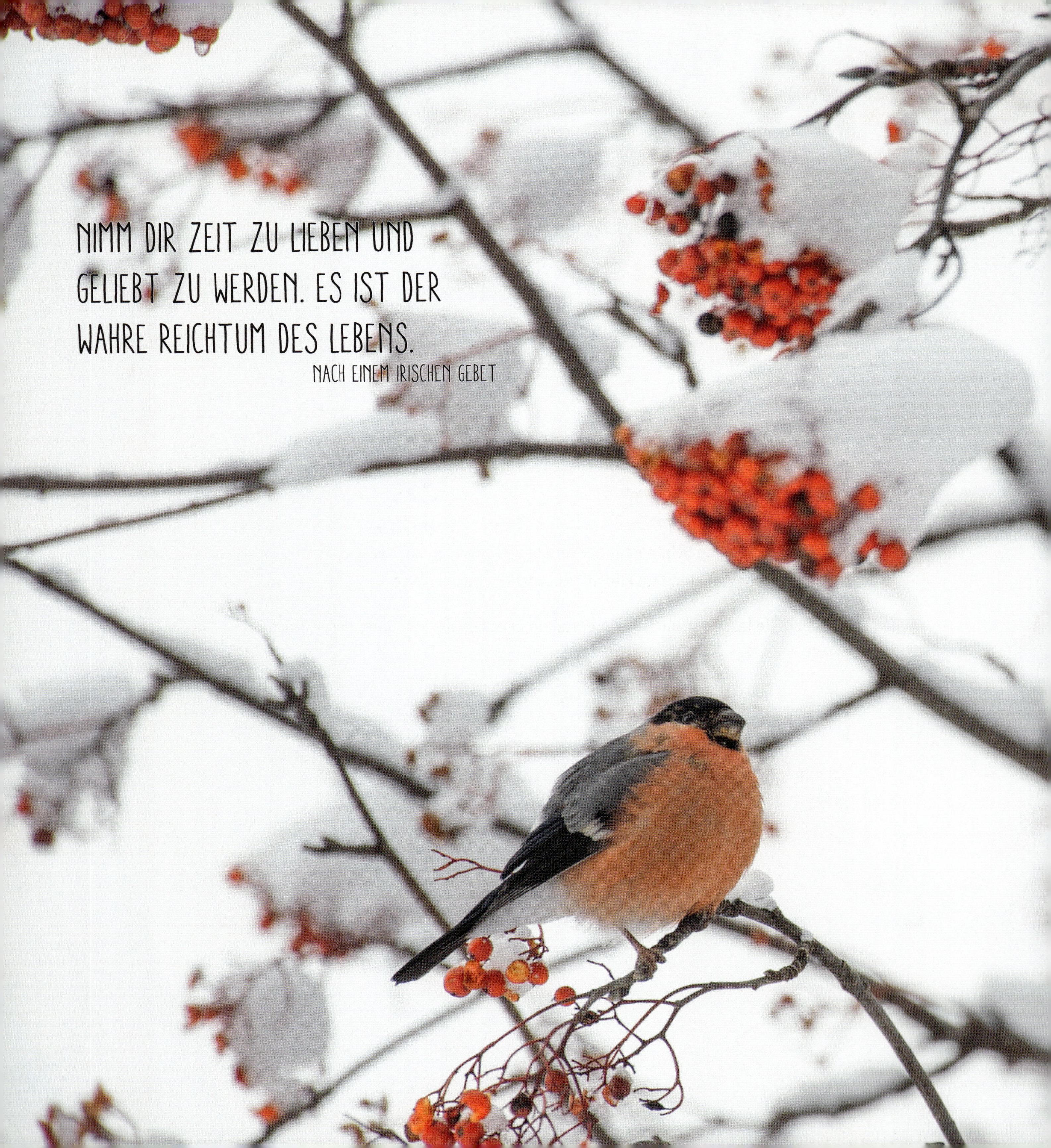

NIMM DIR ZEIT ZU LIEBEN UND
GELIEBT ZU WERDEN. ES IST DER
WAHRE REICHTUM DES LEBENS.

NACH EINEM IRISCHEN GEBET

VORWORT

Auch in der Advents- und Weihnachtszeit gibt es Schätze der Natur zu entdecken, die sich hervorragend als Accessoires für stimmungsvolle Gestecke, Kränze und Weihnachtstische eignen.

In diesem Buch finden Sie viele schöne Deko-Ideen mit natürlichen Materialien. So entstehen aus Holzscheiten, Zapfen, Astabschnitten, Zweigen, Beeren, Baumrinde und vielem mehr, was draußen im Wald oder Garten zu finden ist, Adventskränze, Kerzenleuchter, Adventskalender, Christbaumschmuck, Geschenkverpackungen sowie Engel, Sterne, Rentiere und Schneemänner für Fenster und Tisch. Zusätzlich verziert werden die liebevoll gestalteten Modelle mit Knöpfen, Bändern, Perlen, Filz und Wolle.

Alle Modelle lassen sich dank der Vorlagen in Originalgröße und übersichtlichen Schritt-für-Schritt-Anleitungen ganz einfach nachbasteln.

Hinten im Buch finden Sie noch ein kleines Geschenk: Mit den hübschen Zahlenanhängern können Sie einen Adventskalender im Nu gestalten.

Ich wünsche Ihnen viel Spaß beim Basteln und Dekorieren!

Ihre

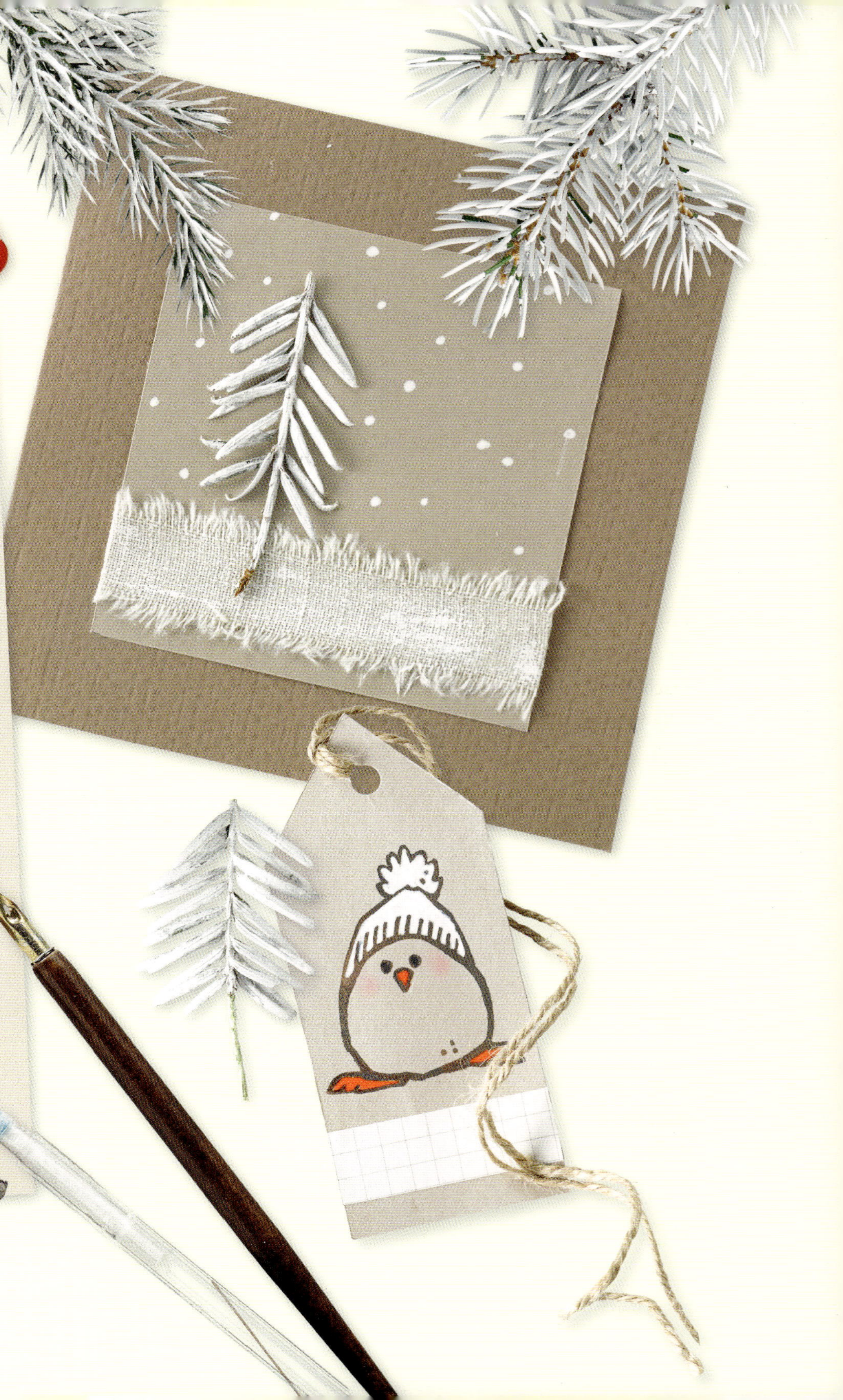

IHRE GRUNDAUSSTATTUNG

- Bleistift
- Buntstift in Rot
- Alleskleber, Heißklebepistole, Holzleim und Klebestift
- Lackmal- oder Gelstift in Weiß
- Pinsel
- Cutter und Schneideunterlage
- Dekupier- oder Stichsäge
- Fuchsschwanz
- Metallsäge
- Schleifpapier
- Lochzange
- Prickelnadel
- Schaschlikstab, Zahnstocher
- Haushaltsschere; kleine, spitze Schere
- Seitenschneider
- Wattestäbchen

TIPPS & TRICKS

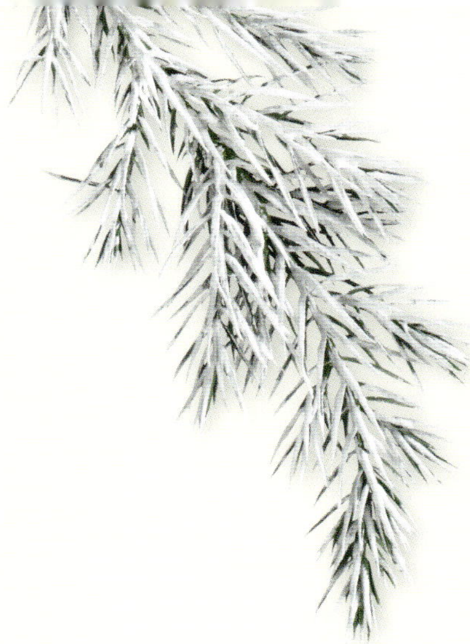

GESICHTER ÜBERTRAGEN

Das Gesicht auf Transparentpapier abzeichnen. Dann das Papier wenden und die Linien auf der Rückseite mit einem weichen Bleistift nachziehen. Das Papier wieder wenden und auf das Holzteil auflegen. Nun die Linien mit einem spitzen, harten Bleistift oder einem Kugelschreiber nachziehen – so wird das Bleistiftgrafit auf das Holz übertragen.

GESICHTER GESTALTEN

Die Augen mit einem wasserfesten schwarzen Filzstift aufsetzen; dazu kann eine Kreisschablone verwendet werden. Lichtpunkt mit einem Lackmalstift malen. Die Mundlinie mit einem roten Buntstift zeichnen. Die Nasen aufkleben (Holzscheiben, Halbkugeln etc.) oder mit Farbe und einem feinen Pinsel aufmalen. Die Wangen mit Buntstiftabrieb röten. Dazu mit Sandpapier Farbe von der Stiftspitze schaben und diese mit einem Pinsel im Gesicht auftragen.

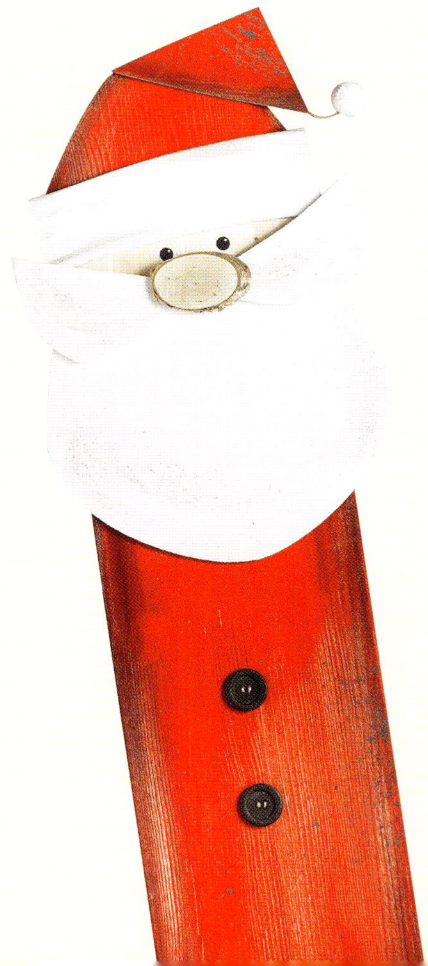

WETTERFEST MACHEN

Wenn die Figuren im Freien stehen, sollten sie mit Sprühlack lackiert werden. Ich verwende matten Sprühlack. Damit lassen sich auch mit Buntstift schattierte Bereiche fixieren. Bei Filzstiften bitte beachten, dass diese wasserfest sind und ggf. vorher einen Lackiertest machen.

ZUSAMMENKLEBEN

Die Motivteile mit Holzleim zusammenkleben. Viele Holzleime müssen mehrere Stunden oder über Nacht aushärten, es gibt aber auch Express-Produkte. Für Figuren, die im Freien stehen sollen, einen wetterfesten Leim verwenden. Zum Aufkleben von Verzierungen verwende ich Heißkleber oder UHU hart.

NIEDLICHE HIMMELSBOTEN

MOTIVHÖHE

ca. 30 cm

MATERIAL PRO ENGEL

* Fundstück aus Holz oder Vierkantholz, ca. 20–23 cm hoch
* Kochlöffel, ø 5,5 cm
* Aluminiumdraht, ø 2 mm, 20 cm lang
* Kordel in Natur und Weiß, ø 2 mm
* dünner Blumendraht in Braun
* Metallprägefolienrest in Silber
* Acrylfarbe in Weiß, Schwarz und Hellbraun
* Zeitungspapier, Fotokartonrest
* Spitzenband in Beige, 1,5 cm breit, 20 cm lang
* Buchecker, Zimtstange, Zweig und Sternanis
* Halbperle in Weiß, ø 4–6 mm

VORLAGEN

Seite 66

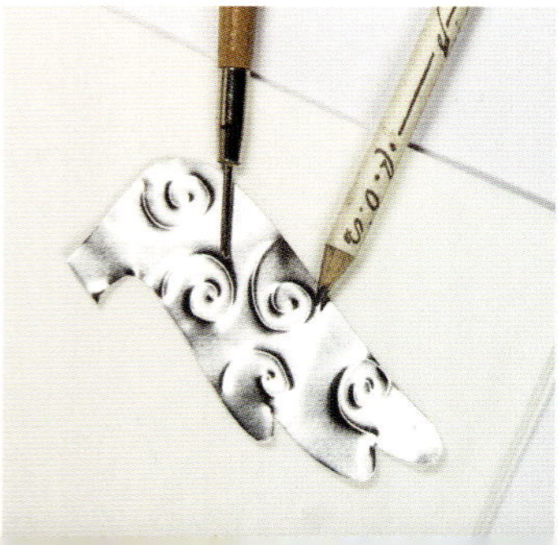

1 Den Kochlöffelstiel unterhalb der Kelle absägen (siehe Vorlage). Den Kopf dann leicht mit wenig hellbrauner Acrylfarbe rundherum schattieren.

2 Die Haare gestalten: Für den Engel links die naturfarbene Kordel zehnmal um die Hand wickeln und mittig mit einem dünnen Blumendraht abbinden. Auf den Kopf kleben, dann an beiden Seiten Zöpfe binden und etwas zurechtzupfen.

Dem anderen Engel ca. zehn Kordelstücke auf den Kopf kleben. Für die beiden Zöpfe zwölf 20 cm lange Kordelstücke zuschneiden. Jeweils sechs mit einem Stück Draht zusammenbinden, zum Zopf flechten und nach ca. 12 cm abbinden. Jeden Zopf auf einen ca. 2 cm großen Fotokartonkreis schneckenförmig aufkleben. Die beiden so entstandenen „Kordelschnecken" links und rechts an den Kopf kleben.

3 Das Gesicht wie auf Seite 28 bei Schritt 2 beschrieben bemalen. Die Nase mit einem Bleistift aufmalen.

4 Das Holzstück für den Körper leicht mit weißer Acrylfarbe streichen. Trocknen lassen und mithilfe von Holzleim und einem Pinsel ein Stück Zeitungspapier aufkleben.

5 Mit weißer Kordel eine Zimtstange oder einen Zweig um den Körper binden. Darüber einen Sternanis oder eine Buchecker mit einer Halbperle kleben. Oben am Körper noch ein Spitzenband aufkleben.

6 Die Flügelform aus Metallprägefolie ausschneiden und spiegelverkehrt auf eine weiche Unterlage legen (Tuch, Filzplatte). Mit einem weichen Bleistift die Kringel aufzeichnen. Die Metallform drehen und mit weißer Acrylfarbe betupfen. Die Farbe nach dem Trocknen mit Schleifpapier wieder etwas abschleifen.

7 Für den Heiligenschein den Aluminiumdraht gemäß Vorlage umbiegen und zum Ring formen. Mit dem Drahtstück Kopf und Körper verbinden. Zuletzt die Flügel hinter den Körper kleben.

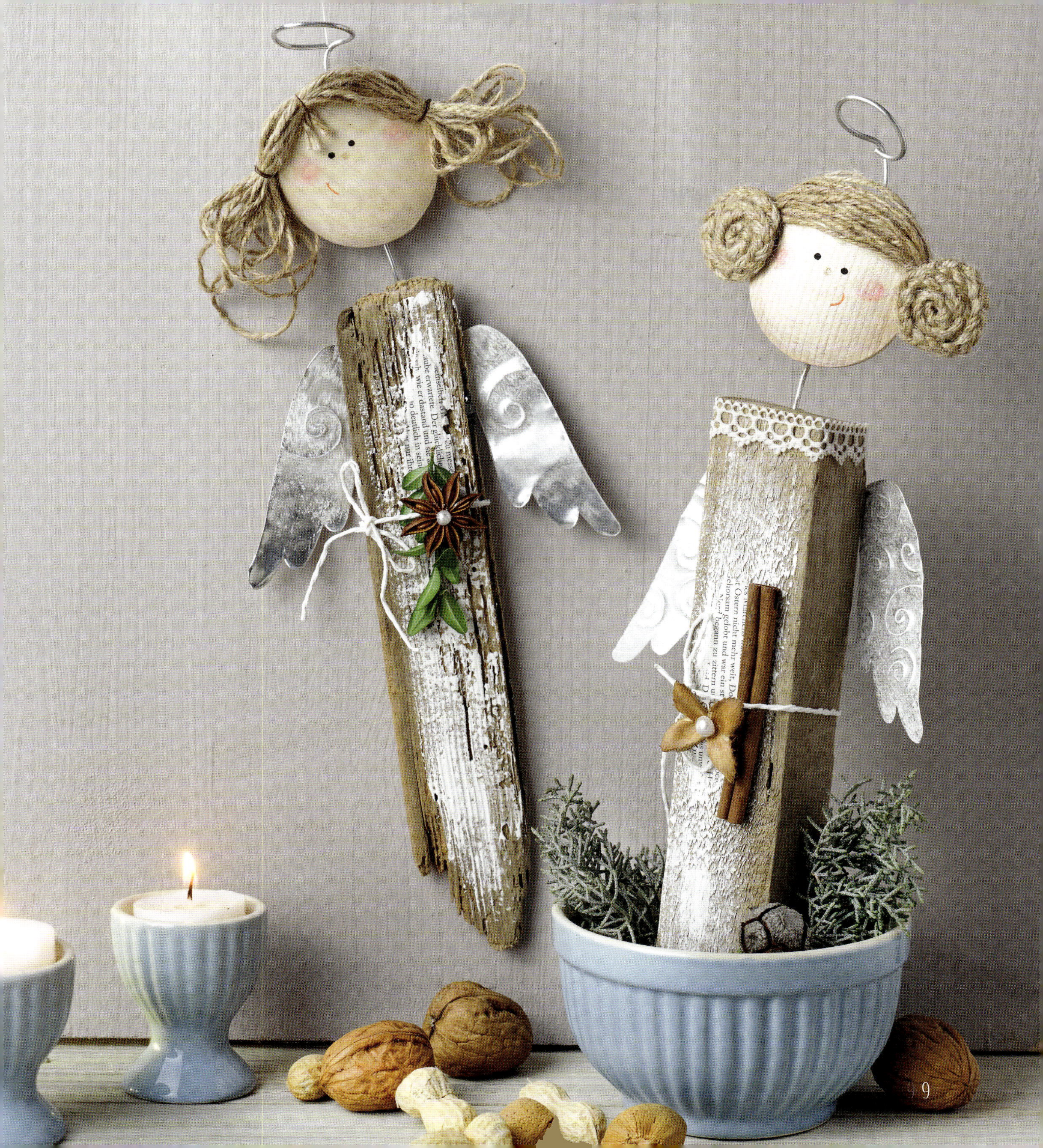

WEIHNACHTLICHE DEKO-KUGELN

MOTIVGRÖSSE

ca. ø 7–8 cm

MATERIAL

* Styroporkugeln, ø 7–8 cm
* Seidenpapier in Weiß
* Zeitungspapier
* Tapetenkleister
* Tonpapierrest in Weiß
* Motivlocher: Stern, ø 2,5 cm und 4,5 cm
* Bouillondraht in Silber
* Knöpfe in Perlmutt, ø 1,2–1,8 cm
* Halbperlen in Weiß, ø 5–7 mm
* Strasssteine in Kristall, ø 5 mm
* Wachsperlen, ø 1,2 cm und 4 mm
* Rocailles in Silber

VORLAGEN

Seite 66

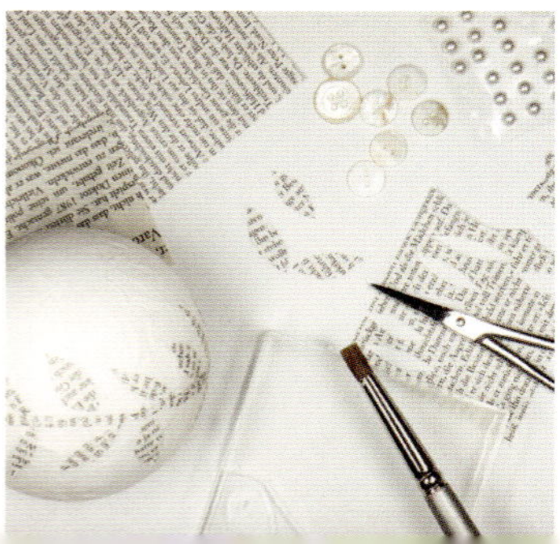

1 Zuerst die Styroporkugeln mit Seidenpapier bzw. Zeitungspapier kaschieren. Dazu das Papier in Stücke von ca. 3–4 cm Größe reißen und mithilfe von Tapetenkleister einander leicht überlappend auf die Kugeln kleben. Beim Zeitungspapier beachten, dass sich auf der Rückseite kein Foto befindet. Bei Verwendung von Seidenpapier die Kugeln in zwei Schichten bedecken. Über Nacht trocknen lassen.

2 Die Sterne mit dem Motivlocher aus dem weißen Tonpapier stanzen. Die Vögel, Blätter, Äste und Streifen mithilfe der Vorlagen ausschneiden. Dafür eignet sich eine kleine Nagelschere. Mithilfe von Pinsel und Tapetenkleister die Motive auf den Kugeln fixieren. Mit den Fingern gut andrücken und trocknen lassen.

3 Die Kugeln mit Knöpfen, Halbperlen und Strasssteinen dekorieren. Zum Aufkleben UHU hart oder eine Klebepistole verwenden.

4 Für die verzierten Drahtaufhängungen ein mindestens 1 m langes Stück Bouillondraht zuschneiden. Darauf eine silberne Perle oder eine kleine Wachsperle fädeln und diese zusammen mit dem Draht in sich verdrehen. Dann eine weitere Perle aufziehen, wieder verdrehen usw. Die Perlensorten immer abwechseln. Die beiden Drahtenden durch die große Wachsperle ziehen. Mithilfe eines Schaschlikstabes ein mindestens 3 cm tiefes Loch in die Styroporkugeln stechen und die beiden Drahtenden hineinkleben.

MEIN TIPP FÜR SIE

Für einen Paketanhänger einen Stern aus Zeitungspapier ausstanzen, mit einem Klebestick auf weißen Fotokarton kleben, mit ca. 3 mm Rand ringsum ausschneiden und mit Perlen und Draht verzieren.

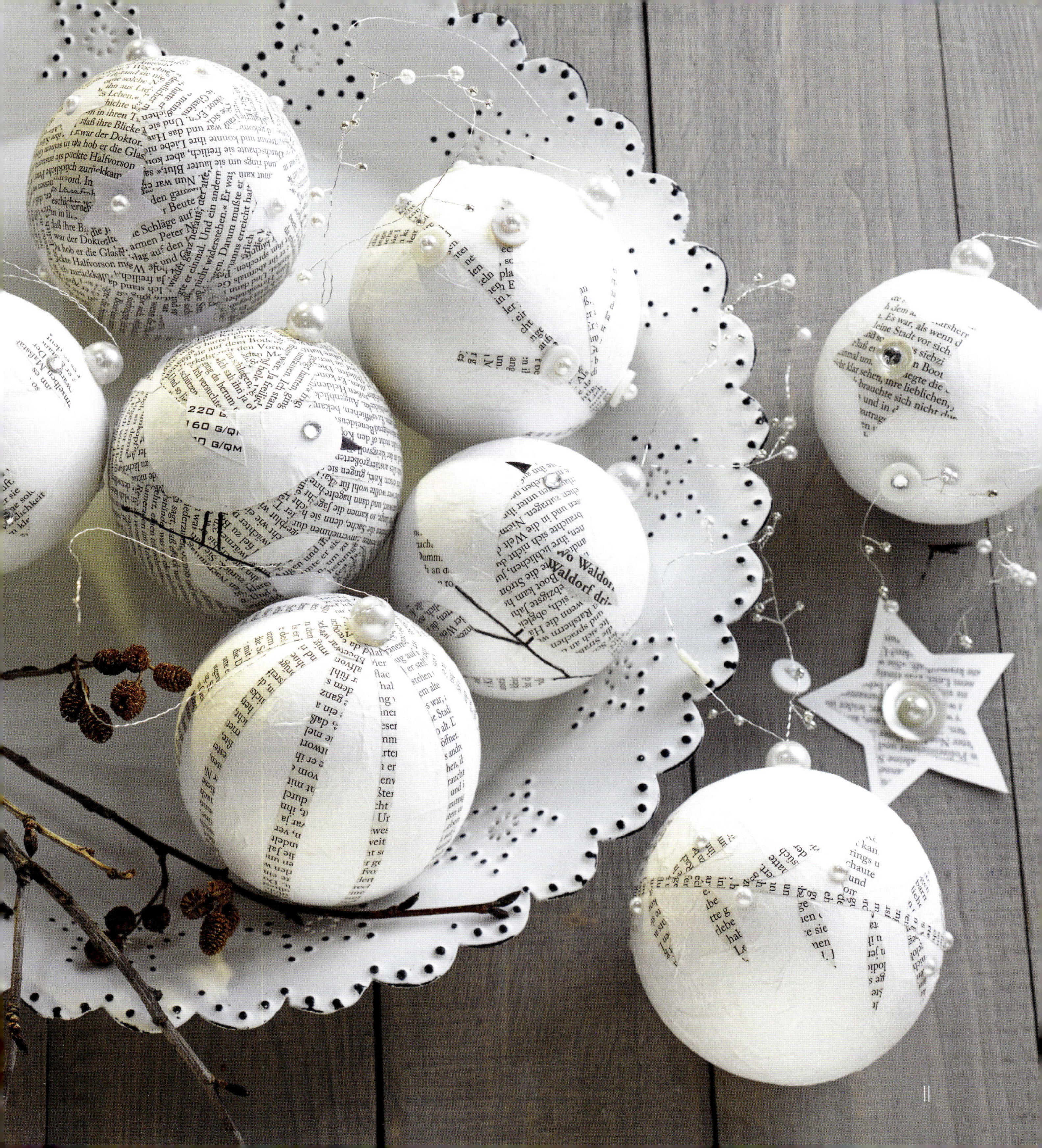

HÜBSCHER ADVENTSKRANZ

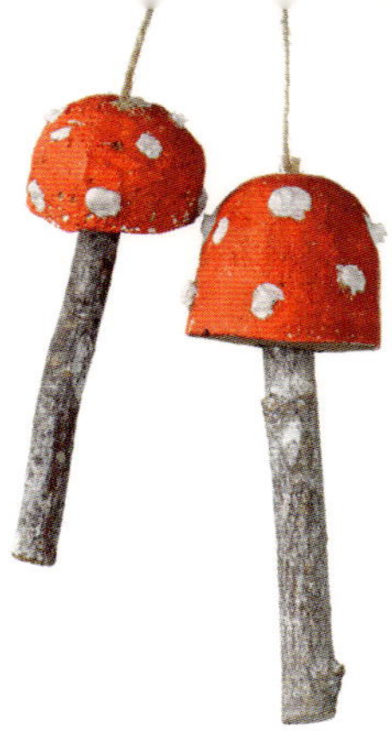

MOTIVGRÖSSE

Kranz ca. ø 25 cm

MATERIAL

* Lärchenzweige mit Zapfen
* Berberitzenzweige
* dünner Blumendraht in Braun
* Band in Rot-Weiß gestreift, 1 cm breit, 1 m lang
* Korken in verschiedenen Größen
* Aststücke
* Taschenmesser
* Acrylfarbe in Weiß und Rot
* Plusterstift in Weiß
* Kordel in Natur, ø 2 mm, 20 cm lang
* evtl. Holzscheibe, ø 6–7 cm
* evtl. Rest Islandmoos

VORLAGEN

Seite 67

1 Die Lärchenzweige in eine runde Form biegen und mit Blumendraht an einigen Stellen zusammenbinden. Eventuell zuerst wenige Äste zusammenfassen und dann mit weiteren verkreuzen. Wenn die Äste sich nicht gut biegen lassen, diese über Nacht in Wasser einweichen.

2 Die Pilzhauben aus Korken schnitzen. Das geht am besten mit einem kleinen Taschenmesser. Statt der Korken können Sie auch Holzhalbkugeln oder halbierte Wattekugeln verwenden. Mit roter Farbe anmalen und nach dem Trocknen mit dem Plusterstift weiße Punkte aufmalen. Als Stiel ein Aststück ankleben und dieses mit verdünnter weißer Farbe bemalen.

3 In die Pilzhauben mit einer Prickelnadel Löcher stechen und die Kordelenden der Aufhängung einkleben. Die Pilze am Kranz befestigen und den Kranz mit Schleifenband aufhängen.

4 Sie können die Pilze auch auf eine kleine Holzscheibe kleben und mit etwas Islandmoos verzieren. Als Christbaumschmuck oder Paketanhänger sehen die Pilze übrigens auch sehr hübsch aus.

MEIN TIPP FÜR SIE

Zu dieser Dekoration passt ein mit Zieräpfeln gefülltes Windlichtglas sehr gut. Die Kerze in die Glasvase stellen und diese mit kleinen Zieräpfeln befüllen.

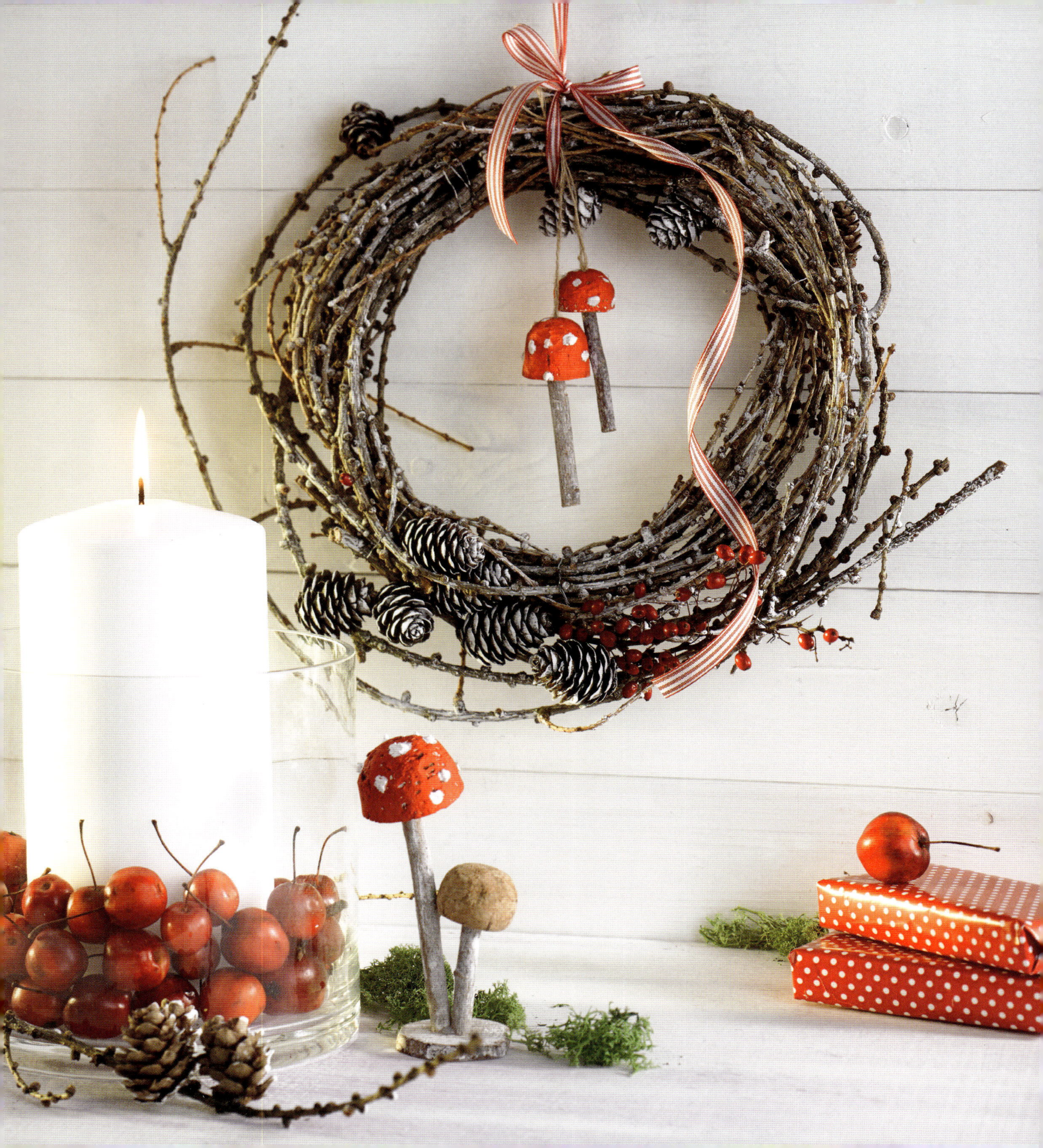

DEKORATIVE BÄUME UND KUGELN

MOTIVHÖHE

Kugeln ø 8–12 cm

Bäume ca. 55 cm

MATERIAL PRO BAUM

* Styroporkegel, 28 cm hoch
* Zeitungspapier und Tapetenkleister oder Floristenkreppband
* Chenilledrahtrest
* Filzkordel in Hellgrün oder Weiß, ø 1 cm, 30 cm (Baumspitze) und 50 cm lang (Verzierung)
* Islandmoos in Hellgrün oder Natur
* Ast, ø 1–2 cm, ca. 18 cm lang (Stamm)
* Holzscheibe, ø ca. 8 cm, 2,5 cm dick (Standfläche)
* Bouillondraht in Silber oder Grün
* kleine Lärchenzapfen

und

* Holzstern in Rot, ø 4,5 cm
* Halbperle in Weiß, ø 6 mm

oder

* ca. 12 Holzscheiben, ø ca. 4 cm
* ca. 20 Aststücke, ø ca. 1 cm, 10 cm lang

PRO KUGEL

* Styroporkugel, ø 8–12 cm
* Zeitungspapier und Tapetenkleister oder Floristenkreppband

und

* Islandmoos in Hellgrün
* Bouillondraht in Silber
* Filzkordel in Weiß, ø ca. 1 cm, 1 m lang
* Holzstern in Dunkelrot, ø je 4,5 cm

oder

* kleine Lärchenzapfen

oder

* Holzscheiben, ø 1–2 cm
* Astscheiben, ø ca. 5–10 mm

Die Styroporkugeln und -kegel zunächst mit Zeitungspapier oder dünnem Packpapier kaschieren. Dazu das Papier in kleine Stücke von ca. 3–4 cm Größe reißen und mithilfe von Tapetenkleister dicht nebeneinander aufkleben. Über Nacht trocknen lassen. Alternativ mit passendem Kreppband umwickeln.

BÄUME

1 Für eine schöne Baumspitze drei Stücke Chenilledraht in der Spitze des Styroporkegels befestigen und zusammendrehen.

2 Das Islandmoos Stück für Stück mit Heißkleber auf den Kegel kleben und mit Bouillondraht umwickeln. Anfang und Ende des Drahtes mit Heißkleber fixieren. Dann den Baum mit den Aststücken, Holzscheiben und Lärchenzapfen bekleben.

3 Die Filzkordel um die Baumspitze wickeln und die Enden festkleben. Um den grünen Baum noch eine weiße Filzkordel wickeln, verknoten und darauf den roten Holzstern kleben. Die Mitte mit einer Halbperle verzieren.

4 Ein Loch in die Holzscheibe bohren und den Ast als Baumstamm mit Holzleim einkleben. Unten in den Styroporkegel ein Loch stechen und den Stamm dort hineinstecken.

KUGELN

1 Nach dem Kaschieren mit Zeitungspapier um eine der Kugeln mithilfe der Klebepistole kleine Holzscheiben kleben, immer zwei bis drei auf einmal, und die Lücken mit kleineren Astscheiben füllen.

2 Um die zweite Kugel ringsherum die Lärchenzapfen kleben.

3 Die dritte Kugel mit grünem Islandmoos ummanteln (siehe Schritt 2 links). Dann noch eine Filzkordel herumknoten und einen Holzstern aufkleben.

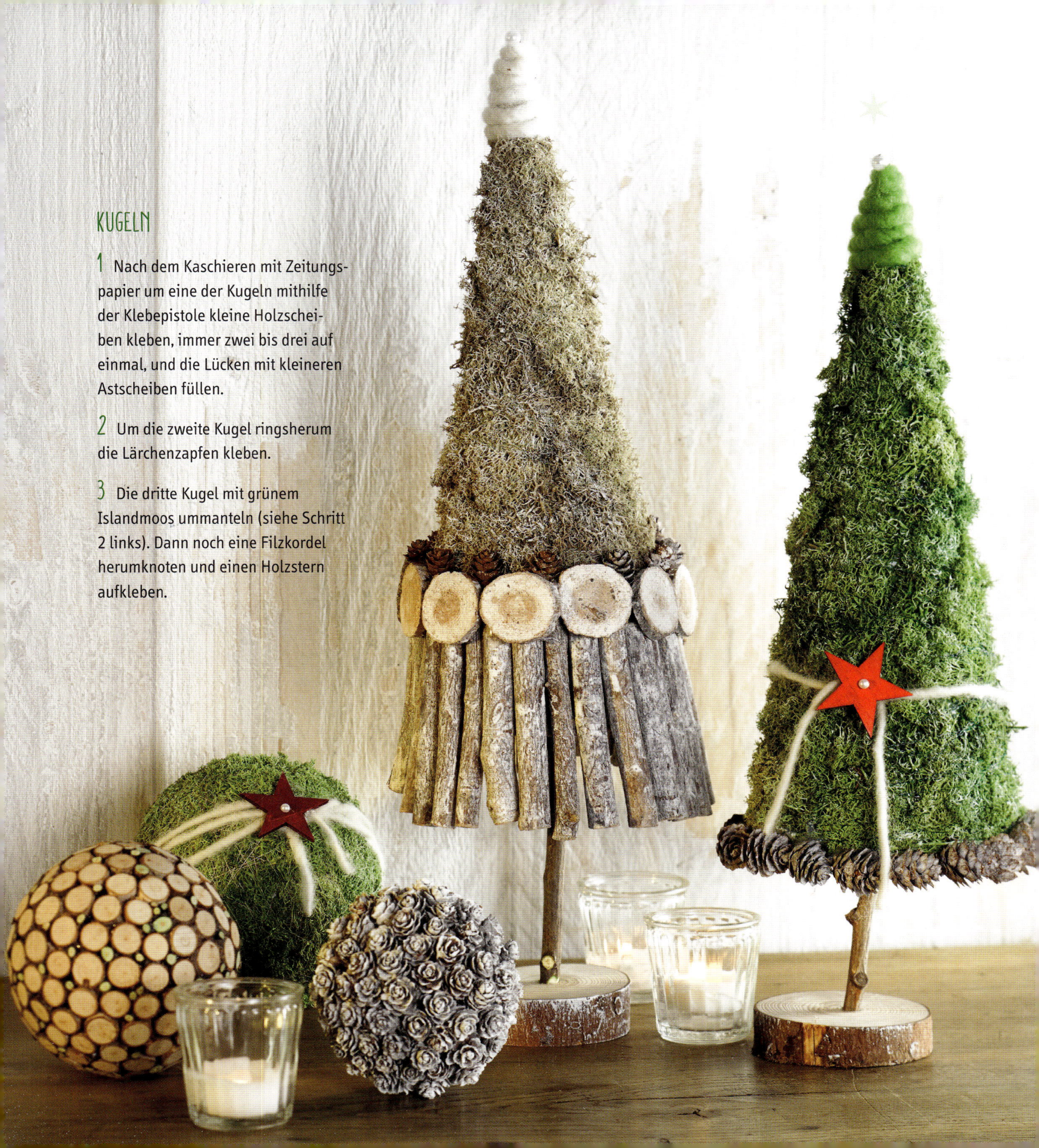

RIESENGROSSER WEIHNACHTSMANN

MOTIVHÖHE

Weihnachtsmann ca. 90 cm
Tanne ca. 70 cm

MATERIAL WEIHNACHTSMANN

* Leimholz, 20 cm x 90 cm, 1,8 cm stark
* Sperrholz, 35 cm x 35 cm, 6 mm stark
* Holzkugel, halb gebohrt, ø 2,5 cm
* Acrylfarbe in Rot, Weiß, Grau und Schwarz
* Sand
* evtl. Sprühlack, matt
* Holzscheibe, oval, ca. 4,5 cm x 7 cm
* Papierdrahtkordel in Natur, ø 2 mm, 10 cm lang
* Filzkordel in Weiß, ø 5–6 mm, 2,5 m lang
* Tannenzweig, Zieräpfel und Zapfen
* 2 Knöpfe in Schwarz, ø 3 cm
* 2 Eisenstangen, ø 5–7 mm
* Bohrer, ø 5–7 mm

WEIHNACHTSMANN

1 Das Leimholzbrett für den Körper zurechtsägen. Bart, Mützenteile und Schnauzer aus Sperrholz zusägen. Die Ränder mit Schleifpapier glätten und die benötigten Löcher für die Stäbe unten in das Brett bohren.

2 Den Körper rot bemalen (Gesichtsteil aussparen). Mit einem dicken Pinsel die Ränder mit wenig schwarzer Farbe schattieren. Mit einem sauberen Pinsel die Übergänge verwischen. So auch das Mützenteil gestalten. Danach mit einem Pinsel kleine graue Tropfen „aufspritzen".

3 Bart, Mützenrand, Schnauzer und Holzkugel mit weißer Farbe bemalen. Für mehr Struktur noch etwas Sand beimischen. Mit etwas grauer Farbe die Ränder schattieren.

4 Das Gesicht wie auf Seite 62 bei Schritt 2 beschrieben gestalten. Nach dem Trocknen der Farbe die Figur zusammenleimen und über Nacht trocknen lassen. Die Eisenstäbe für die Beine in die Löcher an der Unterseite kleben.

5 Eine Filzkordel mehrfach um den Rumpf binden, Zieräpfel und Zapfen darüberkleben. Die Zapfen leicht mit weißer Farbe bemalen. Zuletzt die Knöpfe aufkleben.

TANNE

1 Alle 21 Äste auf den Tisch legen, einen unten den anderen. Am besten dünnere und dickere Äste abwechseln, damit der Baum schön natürlich wirkt. Von 20 der Äste jeweils 1 cm mehr absägen (vom ersten Ast 1 cm, vom zweiten Ast 2 cm, vom dritten Ast 3 cm usw.). Sie erhalten so die benötigten 42 Äste. Diese der Länge nach sortieren. Der oberste Ast ist 1 cm, der unterste 43 cm lang.

2 Alle Äste mit dem Bohrer in der Mitte quer durchbohren, nur den obersten, 1 cm langen Ast längs durchbohren.

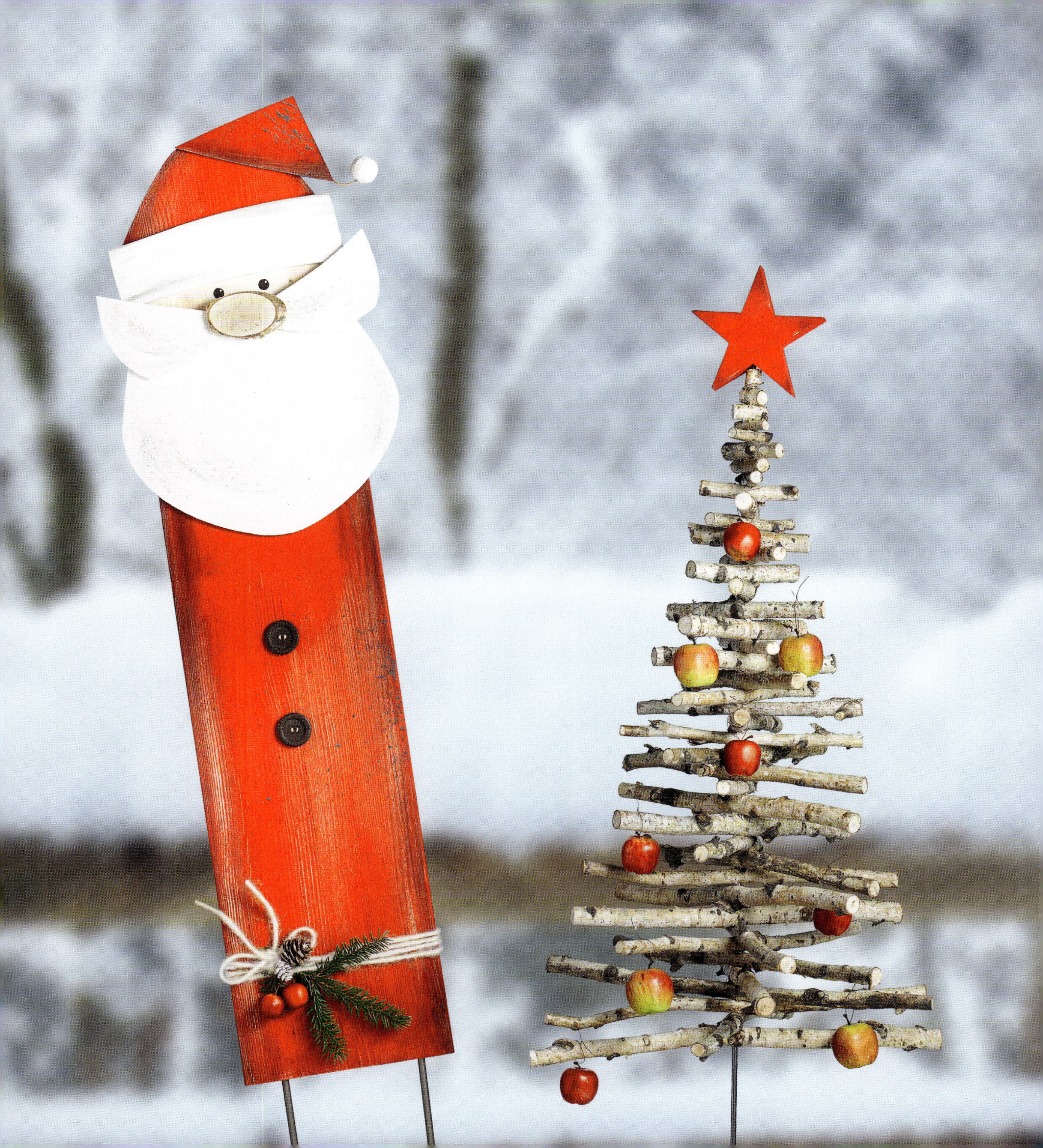

TANNE

* 21 Äste, ø 1,5–2 cm, 43 cm lang
* Leimholzrest, 1,8 cm stark (Stern)
* Eisenstange, ø 5–7 mm
* Bohrer, ø 5–7 mm
* Kreppband, 2 cm breit
* Zieräpfel
* Acrylfarbe in Rot und Schwarz

VORLAGEN

Seite 68 + 69

3 Das obere Ende des Eisenstabs auf einer Länge von 5 cm mit Kreppklebeband umwickeln. Darunter das 1 cm lange Aststück festkeben. Dazu den Stab am besten kopfüber in einen Topf o. Ä. legen. Die anderen Äste aufstecken und festkleben. Über Nacht trocknen lassen.

4 Den Stern aus Leimholz aussägen, unten ein Loch bohren und ihn mit roter Acrylfarbe bemalen. Die Ränder mit einem trockenen Pinsel mit schwarzer Farbe schattieren. Das Kreppklebeband vom Eisenstab entfernen und den Stern auf die Baumspitze kleben.

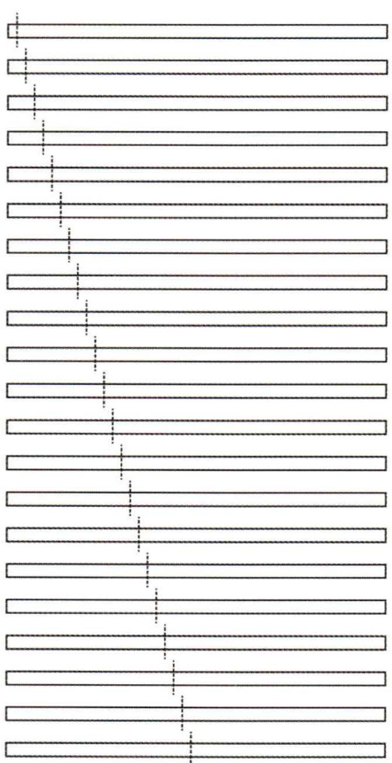

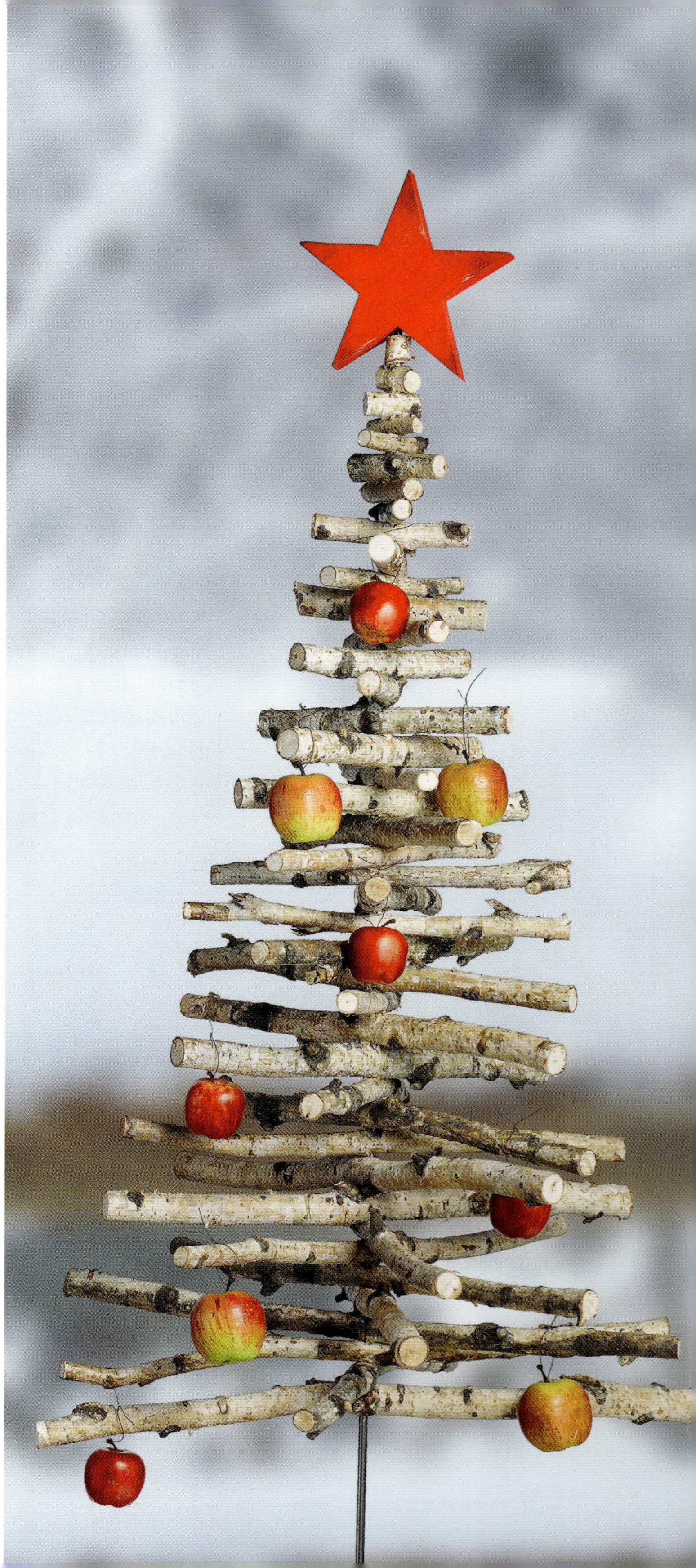

WITZIGE SCHNEEGLÄSER

MOTIVHÖHE

Figuren ca. 9 cm

MATERIAL PRO FIGUR

* Korken (Körper)
* Holzkugeln, durchbohrt, ø 2,5 cm
* Schraubverschlussglas, mind. 12 cm hoch
* Kreidefarbe in Weiß
* Kunstschnee
* Styroporkugeln, ø 5–6 cm
* Karo- oder Streifenband, 8–10 mm breit, 10 cm lang (Schal)
* Knopf nach Wahl, ø 6–8 mm

ZUSÄTZLICH SCHNEEMANN

* kleiner Korken und Knopf, ø 2 cm (Zylinder) oder Eichelhut
* Acrylfarbe in Weiß, Schwarz und Orange
* Schaschlikstab oder Zahnstocher
* Zweige
* evtl. Berberitzenzweig

SCHNEEGLÄSER

1 Den Glasdeckel mit weißer Kreidefarbe bemalen. Auf das Glas mithilfe eines Pinselstiels und weißer Acrylfarbe Punkte als Schneeflocken auftupfen.

2 Die Styroporkugel mit einem Messer oder Cutter in Kuppeln und Scheiben schneiden. Eventuell mit dem Cutter die Rundungen zurechtschneiden. Der so entstandene Hügel muss gut ins Glas passen und dieses sich noch verschließen lassen. Den Hügel mit weißer Farbe bemalen und etwas Kunstschnee in die feuchte Farbe streuen.

3 Die Korken in Natur belassen oder mit Acrylfarbe bemalen, ebenso die Holzkugeln für die Köpfe (siehe detaillierte Anleitungen). Die Gesichter wie auf Seite 28 bei Schritt 2 beschrieben gestalten. Jeweils noch einen Schal umbinden und nach Wahl einen kleinen Knopf ergänzen.

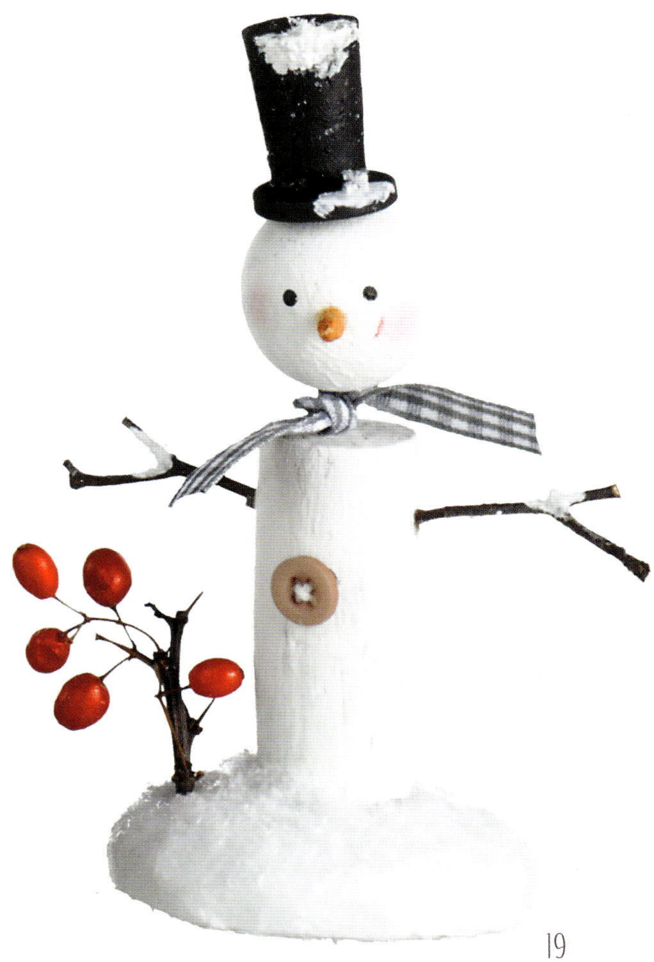

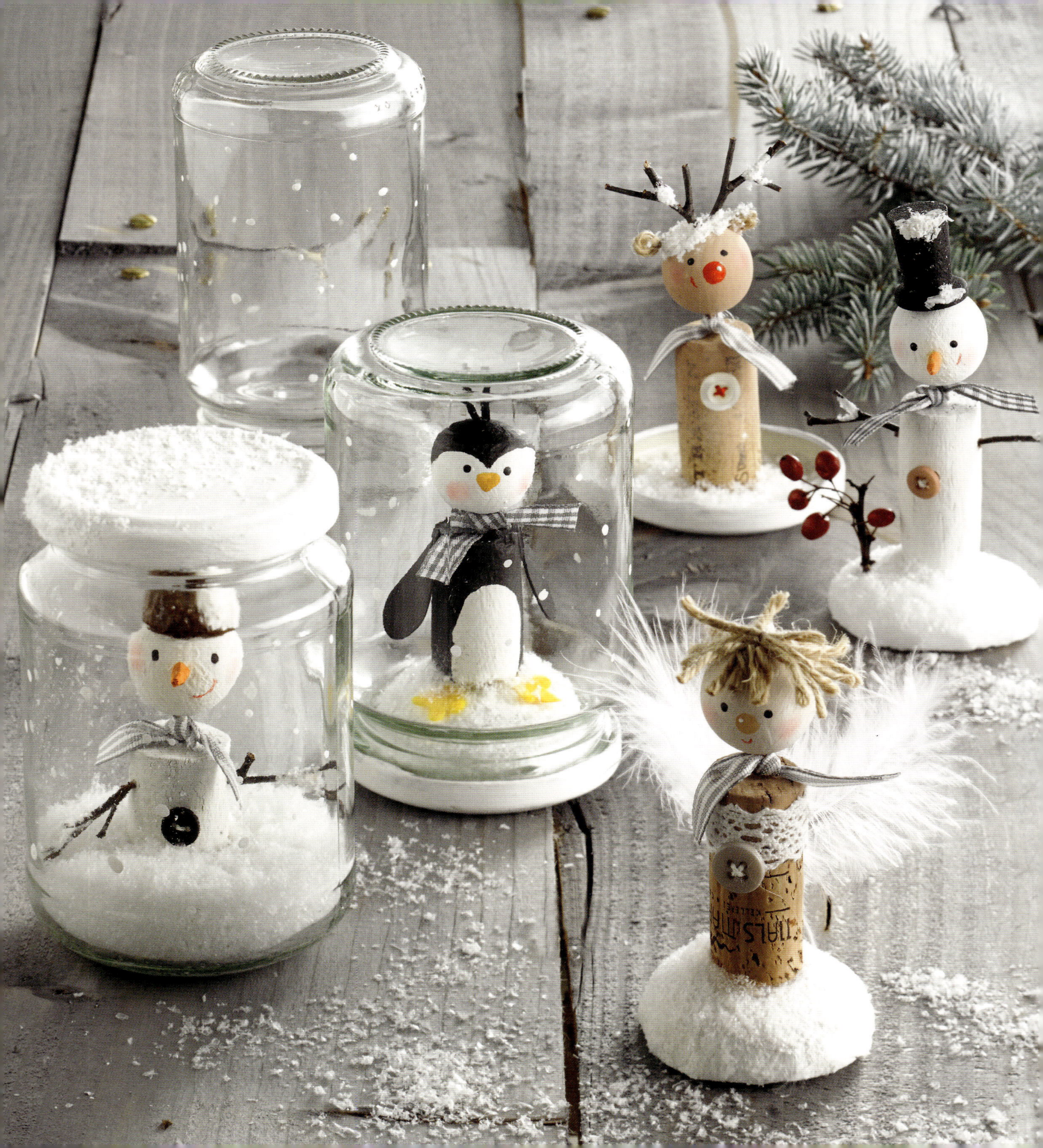

PINGUIN

* Acrylfarbe in Weiß, Schwarz und Orange
* Filzreste in Schwarz und Gelb

RENTIER

* Acrylfarbe in Hellbraun, Weiß und Rot
* Kordel in Natur, ø 2 mm
* Zweige

ENGEL

* Acrylfarbe in Schwarz, Orange und Hautfarbe
* Spitzenband, 1,5 mm breit, ca. 12 cm lang
* 2 Federn in Weiß

VORLAGEN

Seite 72

4 Auf den Köpfen und den Ästen mit Klebstoff etwas Kunstschnee fixieren. Die Hügel in den Deckel kleben und darauf die Figuren. Kunstschnee ins Glas geben und es schließen. Evtl. vorher etwas Holzleim in den Deckelrand geben, damit sich das Glas nicht mehr öffnen lässt.

PINGUIN

Das weiße Gefiedermuster vom Pinguin von der Vorlage auf Transparentpapier abpausen, ausschneiden, auf den Kopf und Körper legen und mit einem Bleistift nachfahren. Mit einem Stück von einem Schaschlikstab Kopf und Körper verbinden. Der Pinguin bekommt Flügel aus schwarzem und Füße aus gelbem Filz; außerdem zwei kleine Streifen als Federflaum oben an den Kopf.

SCHNEEMANN

Der Schneemann erhält eine orange angemalte Spitze einen Schaschlikstabes als Nase und passende Äste als Arme. Als Hut einen Eichelhut aufsetzen. Für den Zylinder einen kleinen Korken auf einen Knopf kleben und beide vor dem Aufsetzen mit schwarzer Farbe bemalen.

RENTIER

Dem Rentier zwei Ohren aus je einer zusammengerollten Kordel und zwei Ästchen als Geweih ankleben.

ENGEL

Für die Haare des Engels einige Kordelstücke zu einem Bündel zusammenfassen, mit Draht zusammenbinden und auf den Kopf kleben. Ein Spitzenband um den Rumpf kleben, darauf einen passenden Knopf. Die Federn als Flügel an den Rumpf kleben.

LUSTIGE LICHTER-ELCHE

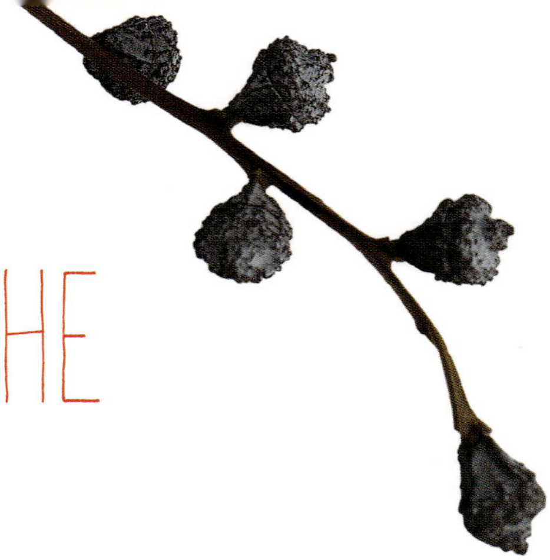

MOTIVHÖHE

ca. 12 cm

MATERIAL PRO ELCH

* Sperrholzreste, 5 mm und 3 mm stark
* Acrylfarbe in Weiß, Hellbraun, Dunkelbraun und Schwarz
* 4 Rohholzhalbkugeln, ø 2 cm
* Rundholzstab, ø 3 mm, 4 x 5 cm lang
* Holzring (Gardinenring), ø 8,5 cm (außen)
* kleines Teelichtglas, 6 cm hoch
* Bohrer, ø 3 mm

VORLAGEN

Seite 76

WEIHNACHTSMANN

1 Den Kopf aus dem dickeren, das Geweih aus dem dünneren Sperrholz aussägen. Die Kanten mit Schleifpapier abrunden.

2 In den Ring vier Löcher gemäß Vorlage bohren und auch die Halbkugeln mit entsprechenden Bohrungen versehen.

3 Nun alle Teilen bemalen: Die Geweihe und die Beine in Weiß grundieren. Nach dem Trocknen hellbraune Streifen auf die Beine aufmalen. Die Hufen und die Nase dunkelbraun bemalen und schwarz schattieren, den Kopf und den Holzrring hellbraun anmalen.

4 Nach dem Trocknen der Farben die Kanten abschleifen, bis das Holz sichtbar ist.

5 Die Augen mit der stumpfen Seite eines Schaschlikstabes auftupfen. Vor jedem Abdruck den Stab erneut in Farbe tauchen, damit die Punkte gleichmäßig werden. Gut trocknen lassen.

6 Anschließend das Geweih hinter und die Nase auf den Kopf kleben. Den Kopf am Holzring anleimen. Bis zum Abbinden des Leims den Kopf mit einer kleinen Leimzwinge fixieren.

7 Etwas Leim auf die Rundholzenden geben und diese in die Löcher stecken. Trocknen lassen, dann kann das Teelichtglas eingesetzt werden.

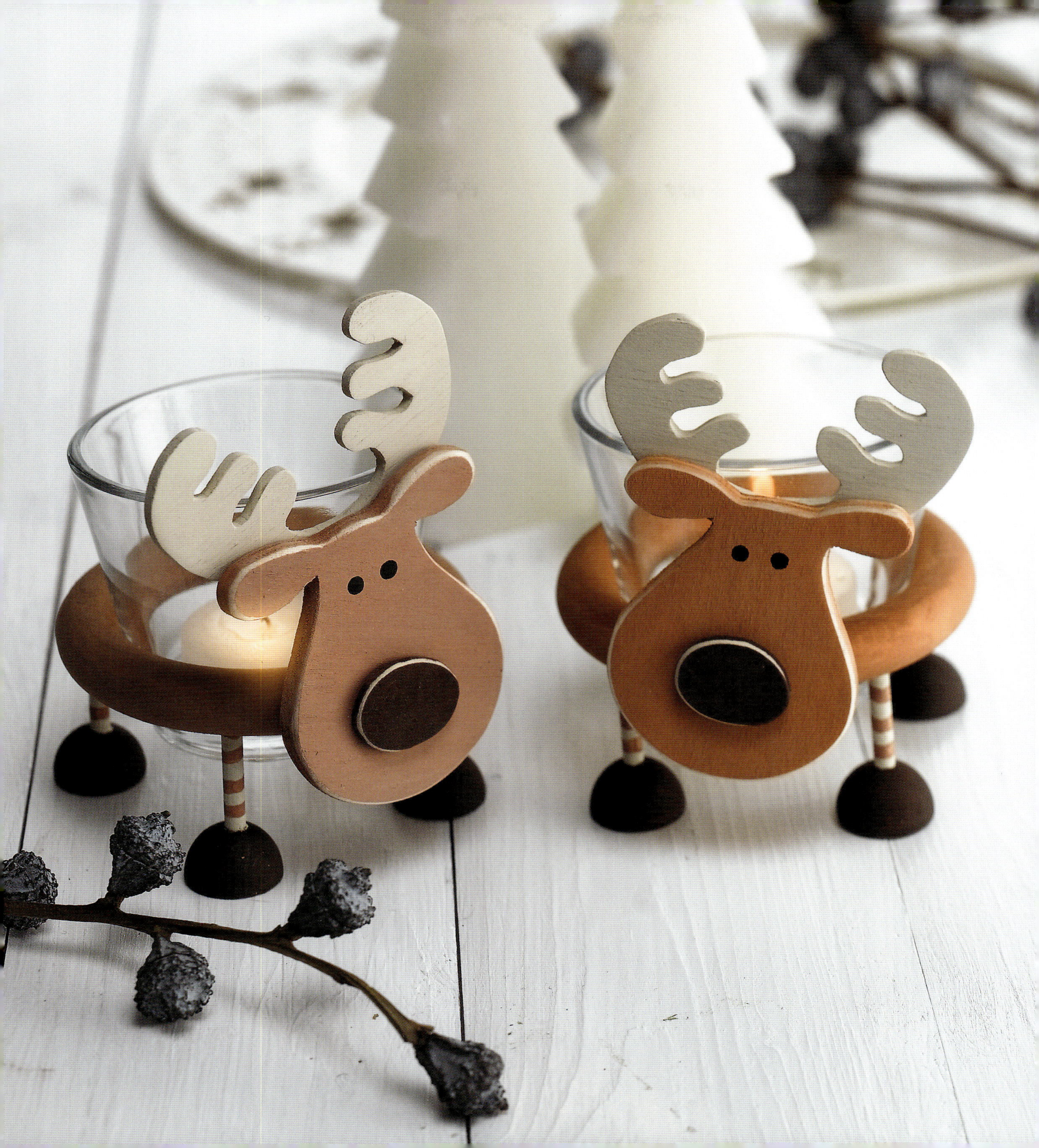

ORIGINELLER ADVENTSKALENDER

MOTIVHÖHE

nach Belieben

MATERIAL

* mehrere Metallkleiderbügel
* 24 Holzwäscheklammern, 1 cm breit, 7,2 cm lang
* Sperrholzrest, 4 mm stark
* Bohrer, ø 3 mm
* Acrylfarbe in Rot und Weiß
* Holzsterne, ø 2,5 cm
* Knöpfe in Natur, ø 1–2 cm
* 24 Papiertüten in Natur, Weiß und Grau gemustert, je 10–12 cm breit
* Fotokartonreste in Rot, Beige, Weiß und Braun
* verschiedene Bänder in Rot, Weiß und Beige
* Adventskalenderzahlen (aus diesem Buch)
* Naturmaterialien zum Verzieren
* Baumwollkordel in Rot-Weiß gestreift, ø 2 mm

1 Die Holzwäscheklammern rot bemalen. Gut trocknen lassen und mit einem kleinen Pinsel Punkte und Streifen aufmalen. Die Wäscheklammern nach Belieben noch mit Knöpfen und Sternen verzieren.

2 Aus den verschiedenfarbigen Fotokartonen unterschiedlich große Papierstreifen zuschneiden. Diese mit den beiliegenden Adventskalenderzahlen bekleben und entweder mithilfe der Klammern an den Tüten befestigen oder auf die Tüten kleben. Die Etiketten können auch an die Päckchen und an die Kleiderbügel gehängt werden. Dazu mit einer Lochzange Löcher hineinstanzen.

3 Die Holzherzen aussägen oder fertige Herzen verwenden. Diese mit roter Acrylfarbe bemalen und trocknen lassen. Mit etwas Schwarz nach Wahl an den Rändern leicht schattieren. Gut trocknen lassen und an den Kanten mit Schleifpapier schleifen. Mit einem Bohrer Löcher bohren und die Herzen jeweils an einer Kordel an den Kleiderbügel binden, nach Wahl Naturmaterial wie Beerenzweige o. Ä. ergänzen.

4 Je vier Geschenktüten an einem Kleiderbügel anbringen und die Kleiderbügel mit einem kräftigen Faden, z. B. Baumwollkordel, aufhängen.

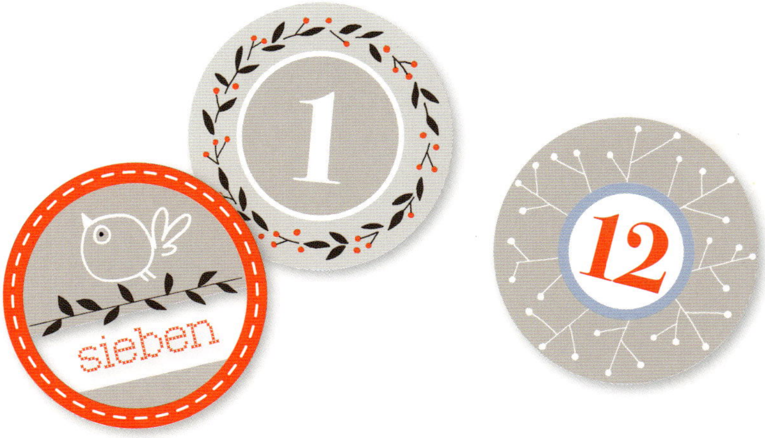

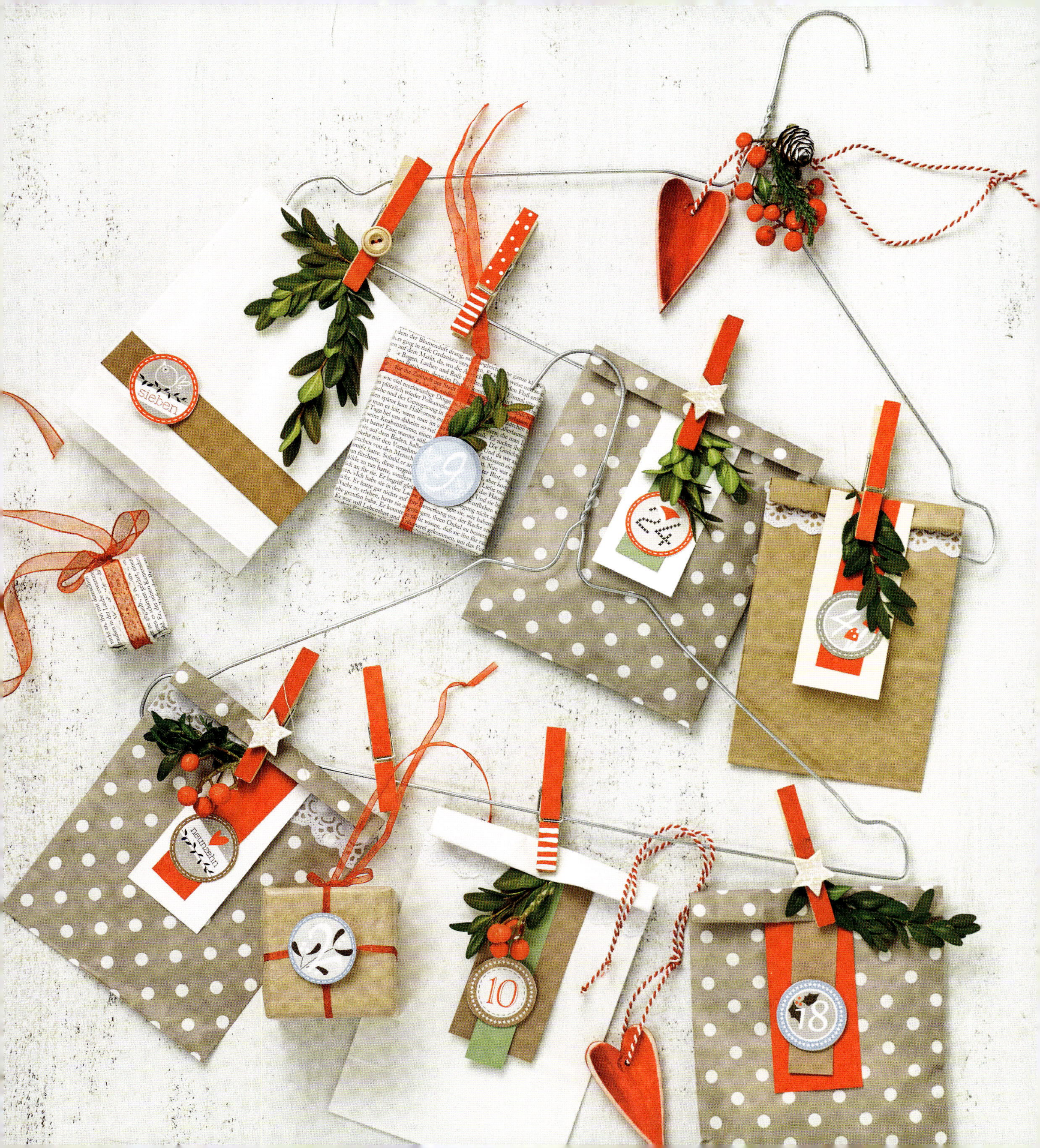
sieben
9
24
neunzehn
10
18

EDLE WEIHNACHTSSTERNE

MOTIVHÖHE

Sterne ca. 12–20 cm

MATERIAL

* Leimholz, 20 cm x 40 cm, 2,8 cm stark
* Acrylfarbe in Weiß
* Anlegemilch (Spezialkleber)
* Dekometall in Gold
* Eisenstab, ø 3 mm, Länge nach Wahl
* Schriftstempel, 10 cm breit
* Stempelkissen in Weiß
* Embossingpulver in Gold
* Bohrer, ø 3 mm
* Embossingföhn
* evtl. Holzkugel, durchbohrt, ø 3,5 cm
* evtl. 2 Holzscheiben, ø 3–4 cm

VORLAGEN

Seite 73

1 Die Motive mit einer Stichsäge aussägen und die Kanten mit Schleifpapier glätten. Die Löcher bohren; sie sollten mindestens 3 cm tief sein. Das Herz komplett durchbohren.

2 Mit weißer Acrylfarbe jeweils Vorder- und Rückseite der Motive anmalen. Die Seiten unbemalt lassen. Gut trocknen lassen.

3 Die Anlegemilch mit einem Pinsel auf die Seitenteile streichen. Dabei die Herstellerangaben beachten. Während der Spezialkleber noch leicht feucht ist, das Dekogold aufdrücken. Überschüssige Reste mit einem Pinsel vorsichtig wegwischen. Auf die gleiche Weise die Holzkugel vergolden.

4 Den Schriftzug aufstempeln und auf die noch feuchte Stempelfarbe das Embossingpulver geben. Überschüssiges Pulver auf ein mittig gefaltetes Blatt Papier geben; damit lässt es sich leicht in die Dose zurück schütten.

5 Mit dem Embossingföhn die Schrift so lange föhnen, bis das Pulver restlos geschmolzen ist und die Schrift lackartig erscheint. Auf diese Weise auch die anderen Sterne gestalten.

6 Die beiden Holzscheiben durchbohren. Das Herz, die Holzscheiben und die goldene Kugel auf dem Eisenstab mit etwas Klebstoff befestigen, darüber den Stern setzen.

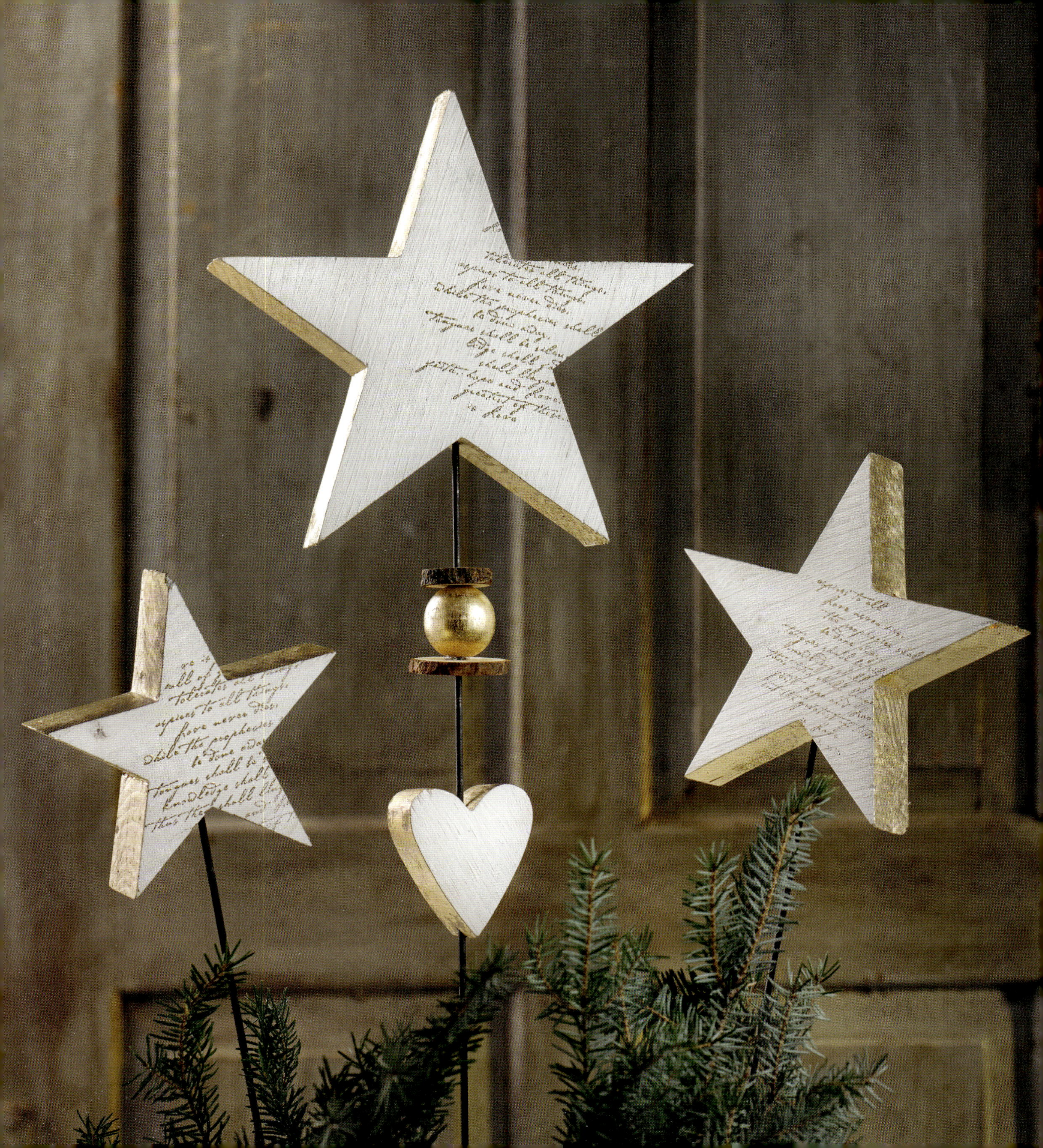

PUTZIGE ENGELCHEN

MOTIVHÖHE

Engel ca. 22 cm

MATERIAL PRO ENGEL

* Flaschenputzer
* Holzkugel, halb gebohrt, ø 2,5 cm
* Papierdrahtkordel, ø 1 mm
* ca. 20 Wachsperlen in Weiß, ø 3 mm
* Holzscheibe, ø ca. 4–5 cm, 2 cm dick

BAUM

* Holzscheibe, ø ca. 4–5 cm, 2 cm dick
* Tannenzweig
* Acrylfarbe in Weiß
* Organzaband in Weiß, 1 cm breit
* dünner Blumendraht in Grün

VORLAGEN

Seite 68

ENGEL

1 Vom Flaschenputzer den oberen Bürstenteil mit einer spitzen Schere wegschneiden. Den Metallstiel mit einer Metallsäge auf die gewünschte Höhe zuschneiden und mit Alleskleber in die Holzscheibe kleben. Mit weißer Farbe die Borsten leicht übermalen. Auch den Metallstiel leicht anmalen.

2 Die Holzkugel als Engelkopf leicht mit verdünnter weißer Farbe bemalen und nach dem Trocknen auf den Flaschenputzer kleben.

3 Für die Flügel zwei ca. 20 cm lange Stücke Papierdrahtkordel zuschneiden. Zehn Wachsperlen für jeden Flügel auffädeln. Die beiden Enden verdrehen, ggf. kürzen und mit Heißkleber seitlich in den Körper kleben. Als Haare ca. zwölf Kordelstücke auf einem Zahnstocher aufdrehen und oben in das Loch in der Holzkugel kleben. Ein Stück Organzaband um den Hals binden.

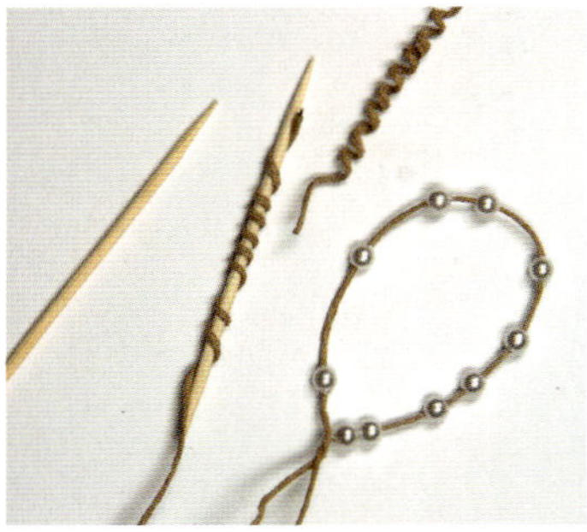

BAUM

1 Ein Loch in die Holzscheibe bohren und einen Schaschlikstab hineinkleben. Einen Zweig oben mit einem dünnen Blumendraht anbinden.

2 Mit weißer Acrylfarbe die Tannennadeln leicht übermalen. Die Baumspitze mit einer Schleife aus Organzaband schmücken.

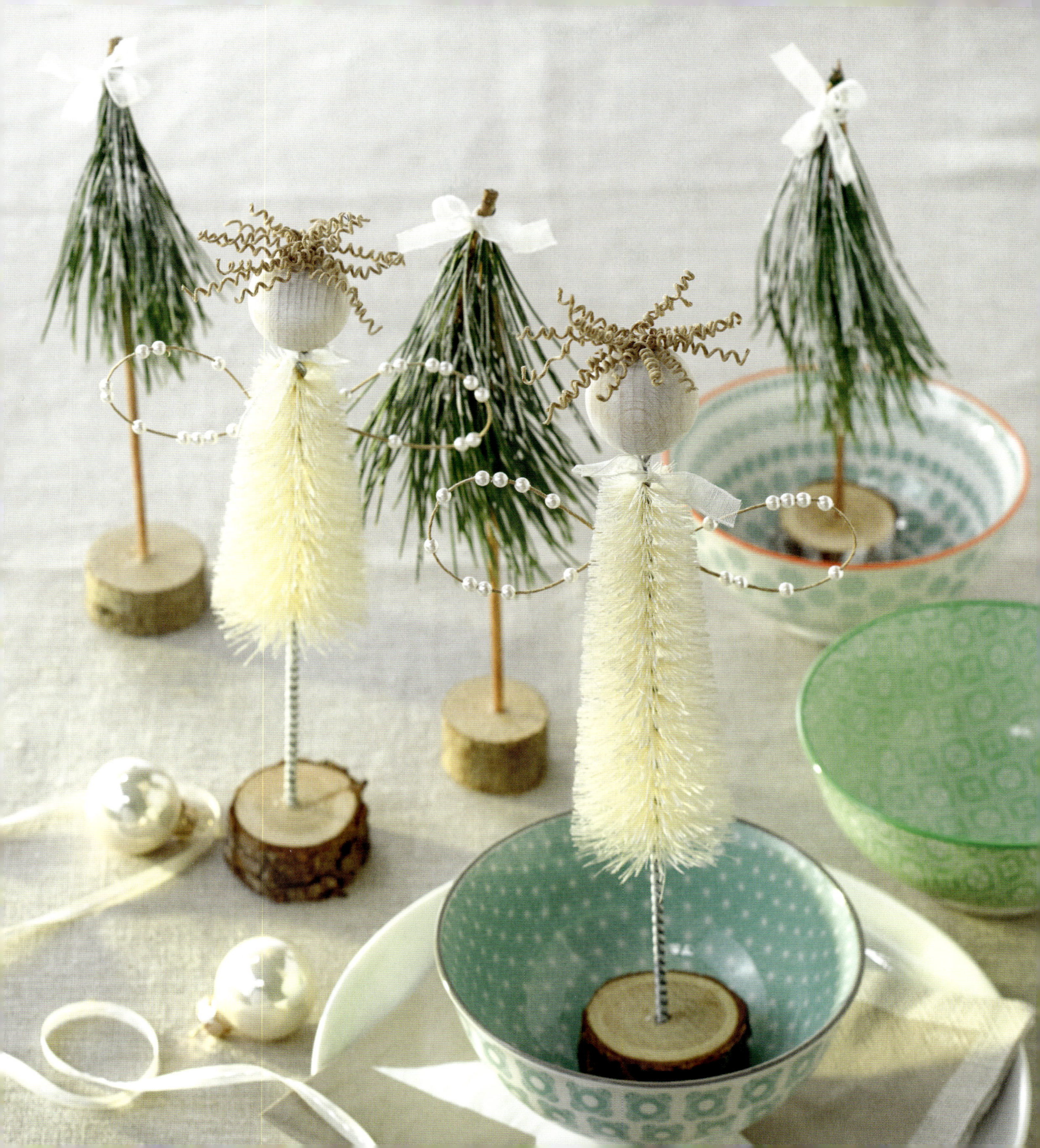

MODERNE ADVENTSKERZEN

MATERIAL

* Kreativ-Beton (Hobbyfachhandel), ca. 5 kg
* 4 Getränkekartons, z. B. von Milch
* Moosgummirest, 2 mm stark
* Acrylfarbe in Weiß
* Speiseöl
* 4 Kerzen in Weiß, ø 2–3 cm, Länge nach Wahl
* altes Zeitungspapier
* Eimer oder ähnliches Gefäß
* Spatel oder Rundholzstab

VORLAGEN

Seite 72

1 Alle benötigten Materialien und Werkzeuge auf der Arbeitsfläche zuvor zurechtlegen, da bei dieser Technik recht zügig gearbeitet werden muss. Die Arbeitsfläche gut mit altem Zeitungspapier abdecken.

2 Die vier Getränkekartons oben aufschneiden. Die Kartons von innen gründlich säubern. Die Zahlen von der Vorlage auf Moosgummi übertragen und mit einer kleinen Nagelschere ausschneiden, die geraden Linien mithilfe von Lineal und Cutter.

3 Jede Zahl in der gewünschter Höhe spiegelverkehrt an einer Innenwand festkleben, damit die Betonmasse später beim Einfüllen nicht darunter gerät.
Mit Speiseöl und einem Pinsel das Innere des Kartons gut einstreichen (Wände, Böden und Zahlen).

4 Für den Beton in einem Gefäß Wasser und Betonpulver gemäß Herstellerangaben mischen. Um die Masse zu verrühren, können Sie einen Spatel oder Rundholzstab verwenden. Die Masse bis zur gewünschten Höhe in die Milchtüten gießen (hier ca. 9 – 11 cm). Nun die Kerzen mittig in den Beton stecken. Wenn der Beton noch zu flüssig ist, damit noch etwas warten. Dann über Nacht trocknen lassen. Alle benutzten Gegenstände direkt nach Gebrauch gründlich abwaschen.

5 Die Getränkekartons mit einem Cutter aufschneiden und die Betonteile herausnehmen. Mit einem Pinsel und weißer Farbe die mit den Zahlen beschriftete Seite leicht bemalen. Danach mithilfe eines Cutters die Moosgummizahlen entfernen.

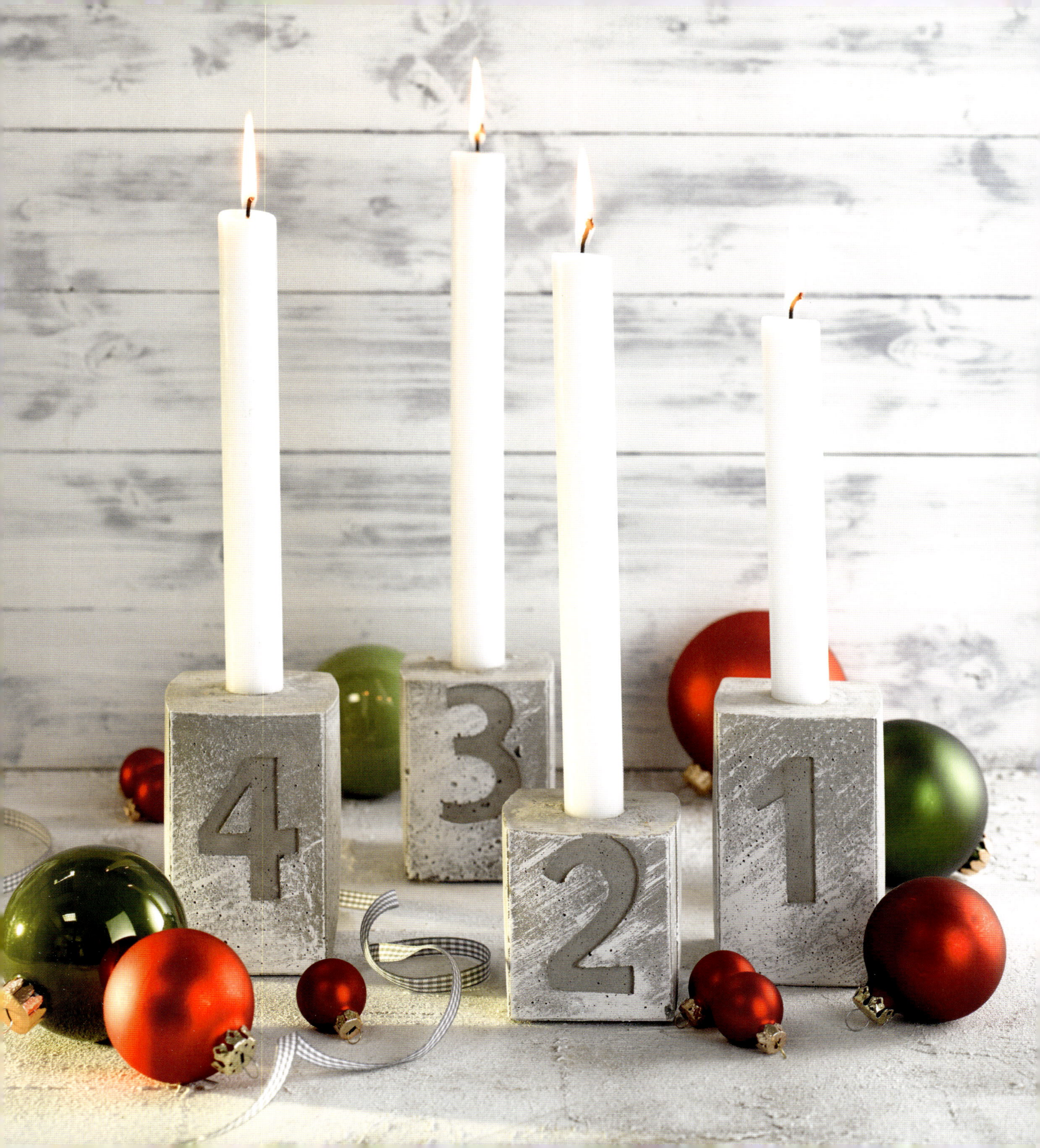

LIEBEVOLLE GABEN

MOTIVHÖHE

Bild ca. 14 cm

MATERIAL

* Holzscheibe, ø ca. 14 cm, 2,5 cm hoch oder ø 7 cm, 1 cm hoch
* Spanschachtel, ø 9 cm, 5 cm hoch
* Schachtel in Sternform, ø 6 cm, 4 cm hoch
* Schachtel, quadratisch, ca. 5 cm, 4 cm hoch
* Schachtel, ø 3,5 cm, 2,5 cm hoch
* Serviette mit Rehen und Eule
* Serviette mit Eichhörnchen
* Serviettenkleber
* Acrylfarbe in Weiß
* Fotokartonrest in Weiß
* evtl. Dekoklebeband in Braun-Weiß gestreift

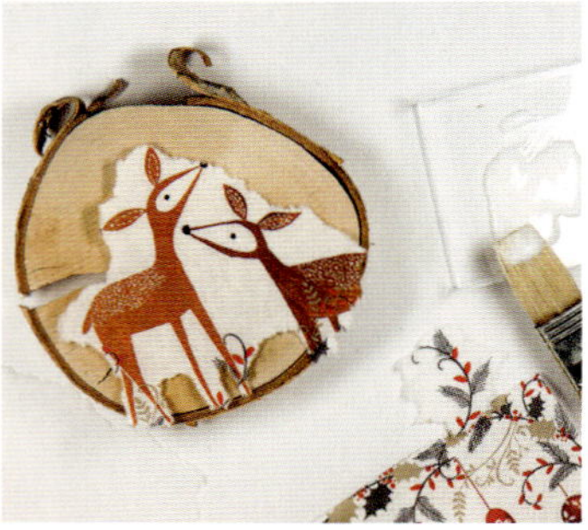

Für diese Technik eignen sich Servietten besonders gut, die rund um die Motive (hier Rehe, Eulen, Eichhörnchen) weiß sind.
Die Holzschachteln können zuvor mit weißer Farbe bemalt und mit dem gestreiften Klebeband rundherum dekoriert werden.

1 Von der Serviette zunächst die oberste, bedruckte Schicht lösen. Die anderen Schichten werden nicht benötigt. Aus der obersten Schicht das gewählte Motiv vorsichtig ausreißen.

2 Die Serviette platzieren und ggf. an der Stelle, die hervorgehoben werden soll, mit einem Pinsel wenig weiße Farbe auf die Holzplatte auftragen (z. B. unter dem Maul des Rehs). Trocknen lassen. Die Holzscheibe oder die verschiedenen Schachteln sparsam mit Serviettenkleber bestreichen. Das ausgerissene Motiv auflegen und mithilfe des Pinsels Serviettenkleber darüber streichen. Mit den Fingern vorsichtig glätten und trocknen lassen.

3 Die Holzscheibe kann auch aufgehängt werden, indem man oben mithilfe eines Bohrers ein Loch hineinbohrt und ein Band durchführt.

MEIN TIPP FÜR SIE

In den Schachteln können nette kleine Geschenke oder Gutscheine versteckt werden. Hübsch sehen selbst gemachte Anhänger dazu aus. Die Vorlagen finden Sie auf Seite 67; das Stempeln und Embossen wird auf Seite 26 erklärt.

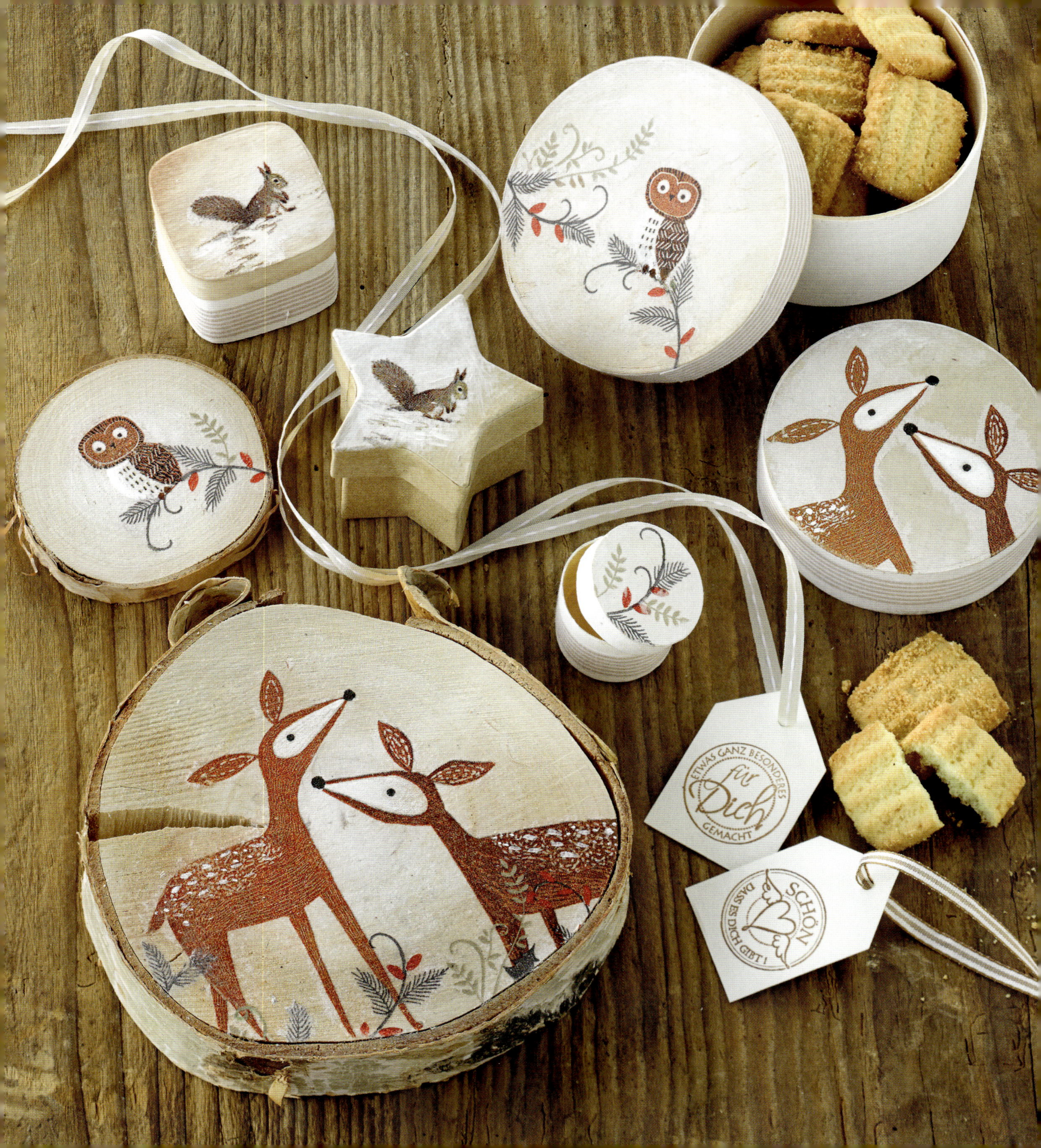
ETWAS GANZ BESONDERES
für Dich
GEMACHT
SCHÖN
DASS ES DICH GIBT!

DROLLIGES EULENPAAR

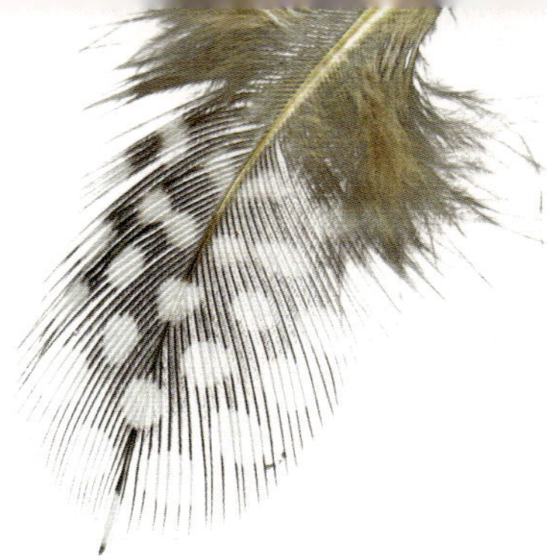

MOTIVHÖHE

ca. 22 cm

MATERIAL PRO EULE

* Leimholz, 1,8 cm stark, 20 cm x 30 cm
* Birkenrinde oder Altholz
* 2 Holzscheiben, ø 3–5 cm
* 2 Holzknöpfe, ø 1,5 cm
* 2 Holzhalbkugeln, ø 8 mm
* Acrylfarbe in Weiß, Hellbraun und Schwarz
* Federn
* Zapfen oder kleines Stück Rinde (Schnabel)
* Papierdrahtkordel in Natur, ø 1 mm, 1 m lang
* evtl. 2 Metallscheiben, ø 2 cm
* evtl. Lärchenzweig
* evtl. Holzstab, ø 3 mm, 9 cm lang
* evtl. Holzscheibe, ø 6 cm, 2,5 cm dick
* evtl. Juterest
* Bohrer, ø 3 mm

VORLAGEN

Seite 70

1 Die Körperform aussägen und rundherum mit Schleifpapier glätten. Anschließend den Eulenkörper mit weißer Acrylfarbe bemalen. Bei der kleinen Eule vorher ein Stück Jute auf den Körper kleben. Die andere Eule erhält noch hellbraune Punkte.

2 Flügel und Kopfteil der großen Eule aus Baumrinde oder altem Holz ausschneiden und mit Heißkleber aufkleben.

3 Die Holzscheiben als Augen aufsetzen; dabei bei der kleinen Eule die Federn und die Schlaufen aus Papierdrahtkordel mit anbringen.

4 Die Holzhalbperlen als Pupillen schwarz bemalen, trocknen lassen und in die Holzknöpfe kleben. Mit einem Zahnstocher und weißer Acrylfarbe Lichtpunkte in die Augen setzen. Die Knöpfe auf die Holzscheiben kleben, bei der großen Eule noch die Metallscheiben darunter kleben. Einen Schnabel aus einem Lärchenzapfen (große Eule) oder einem Stück Rinde (kleine Eule) aufkleben.

5 Die Löcher für die Füße (große Eule) oder für den Stab (kleine Eule) in den Körper und in die Standfläche bohren. Ebenso ein Loch für die Aufhängung bohren.

6 Für die Füße der großen Eule sechs 8 cm lange Stücke Papierdrahtkordel zuschneiden. Jeweils drei pro Fuß um den Lärchenzweig legen und zusammendrehen. Dann in die Löcher unten am Eulenkörper kleben.

7 Den Stab für die kleine Eule zuschneiden und an den Körper sowie in das Bodenteil kleben. Aus Ästen die Krallen zuschneiden und aufkleben.

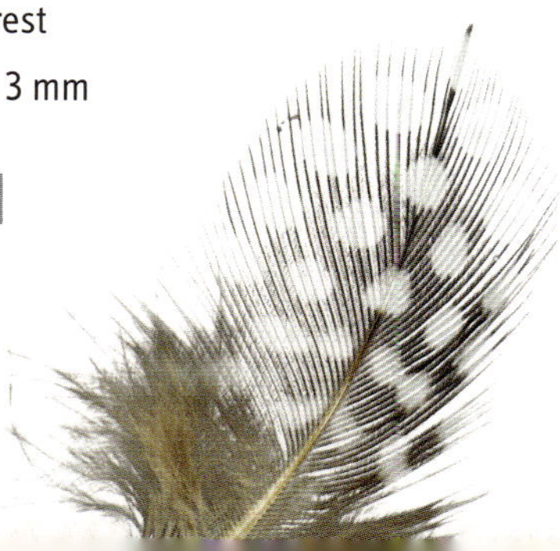

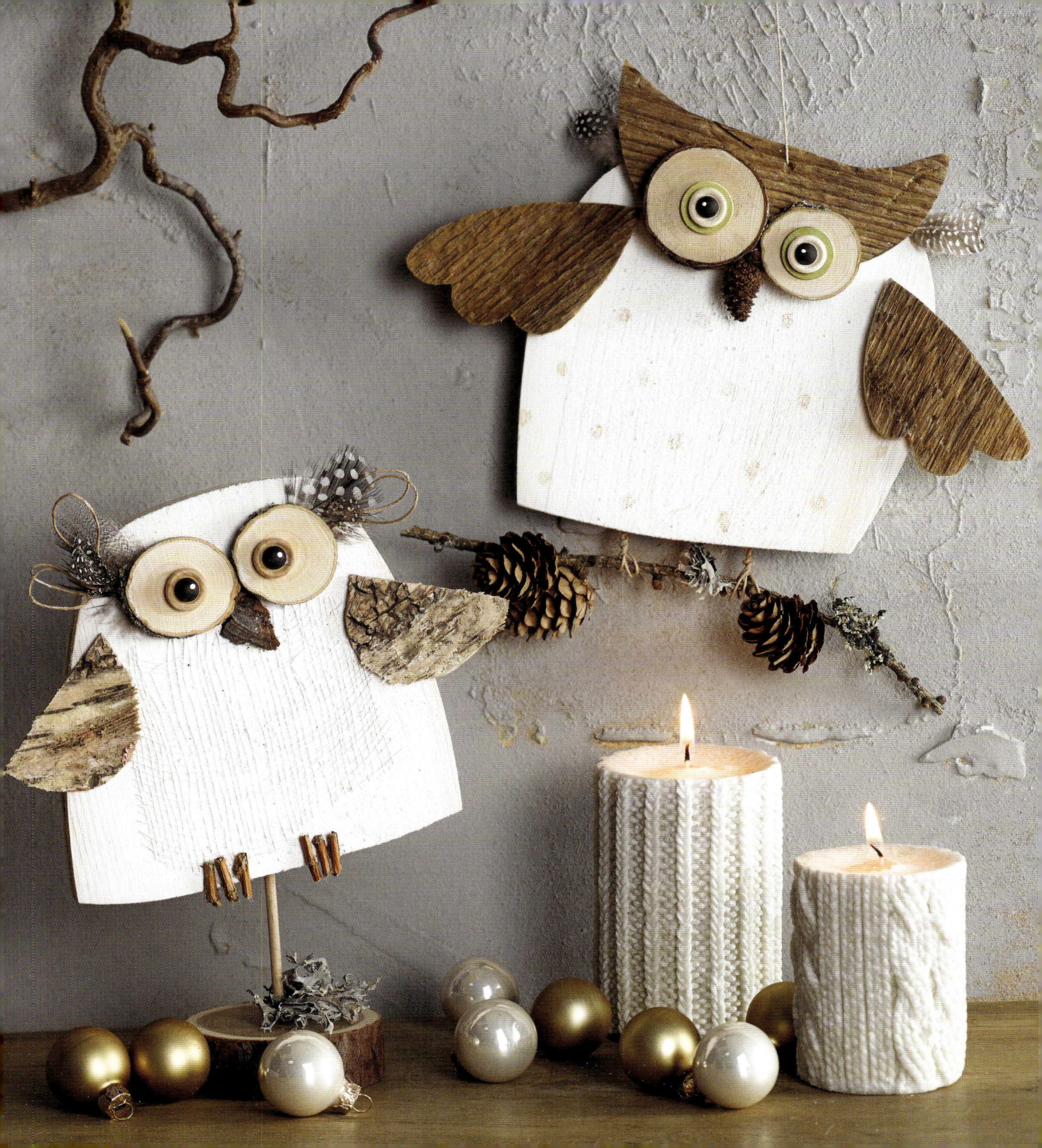

SYMPATHISCHER SCHNEEMANN

MOTIVHÖHE

ca. 41 cm

MATERIAL

* Sperrholzplatte, 1 cm stark, 50 cm x 40 cm
* Sperrholzrest, 4 mm stark
* Bastelfarbe in Weiß, Dunkelgrau, Hellgrau und Rot
* 2 Äste
* 2 kleine Zapfen
* dünner Blumendraht in Braun
* Paketschnur/Bindfaden in Natur
* Filzrest in Rot
* Astscheibe, ø ca. 2,4 cm
* Holzknopf, ø 2 cm
* Holzstab, ø 5 mm,
* 5 cm lang
* Papierdrahtkordel in Natur, ø 1 mm,
* 20 cm lang
* Holzbohrer, ø 5 mm

VORLAGEN

Seite 75 + 76

1 Vögel, Herz und Hut aus dünnem Sperrholz aussägen, alle anderen Motivteile aus dem dicken Sperrholz. Die Kanten glatt schmirgeln.

2 Die Löcher gemäß Vorlage bohren. Kopf, Körper, Schneehügel und Bodenplatte mit weißer Farbe bemalen. Die Farbe trocknen lassen, dann die Farbe von den Rändern schmirgeln, bis das Holz durchscheint.

3 Die Astscheibe als Nase auf den Kopf kleben. Die Augen und die Punkte für den Mund mit einem Holzstäbchen bzw. Pinselstiel aufsetzen. Vor jedem Punkt das Stäbchen/den Stiel erneut in Farbe tauchen, dann werden sie gleichmäßig rund. Die Wangen wie auf der vorderen Umschlagklappe beschrieben röten.

4 Die Linien auf dem Hut mit einem weißen Buntstift malen. Das Herz mit Bastelfarbe bemalen. Trocknen lassen, dann den Hut mit ein paar Kordelstücken als Haare auf den Kopf kleben.

5 Den Bauch und die Schneehügel auf die Bodenplatte leimen. Den Kopf mit dem Holzstab aufsetzen und seitlich die Äste als Arme in die Bohrlöcher kleben. Den Holzknopf mit durchgezogener Papierdrahtkordel auf den Bauch kleben. Die Enden des Papierdrahtes zum Locken um einen Stift wickeln.

6 Die Vögel wie abgebildet bemalen und nach dem Trocknen mit den Zapfen an die Arme bzw. auf den Schneehügel kleben. Den Filzstreifen an den Enden fransig schneiden und dem Schneemann als Schal um den Hals kleben.

MEIN TIPP FÜR SIE

Den gestrichelten Rand mit einem Bunt- oder Filzstift aufmalen.

Zu diesem Kalender passen rustikal verpackte Geschenke und kleine Leinensäckchen. Wer's fröhlich-bunt mag, kann auch Hut und Vögel in den Lieblingsfarben bemalen und die Geschenke in bunte Seidenpapiere verpacken.

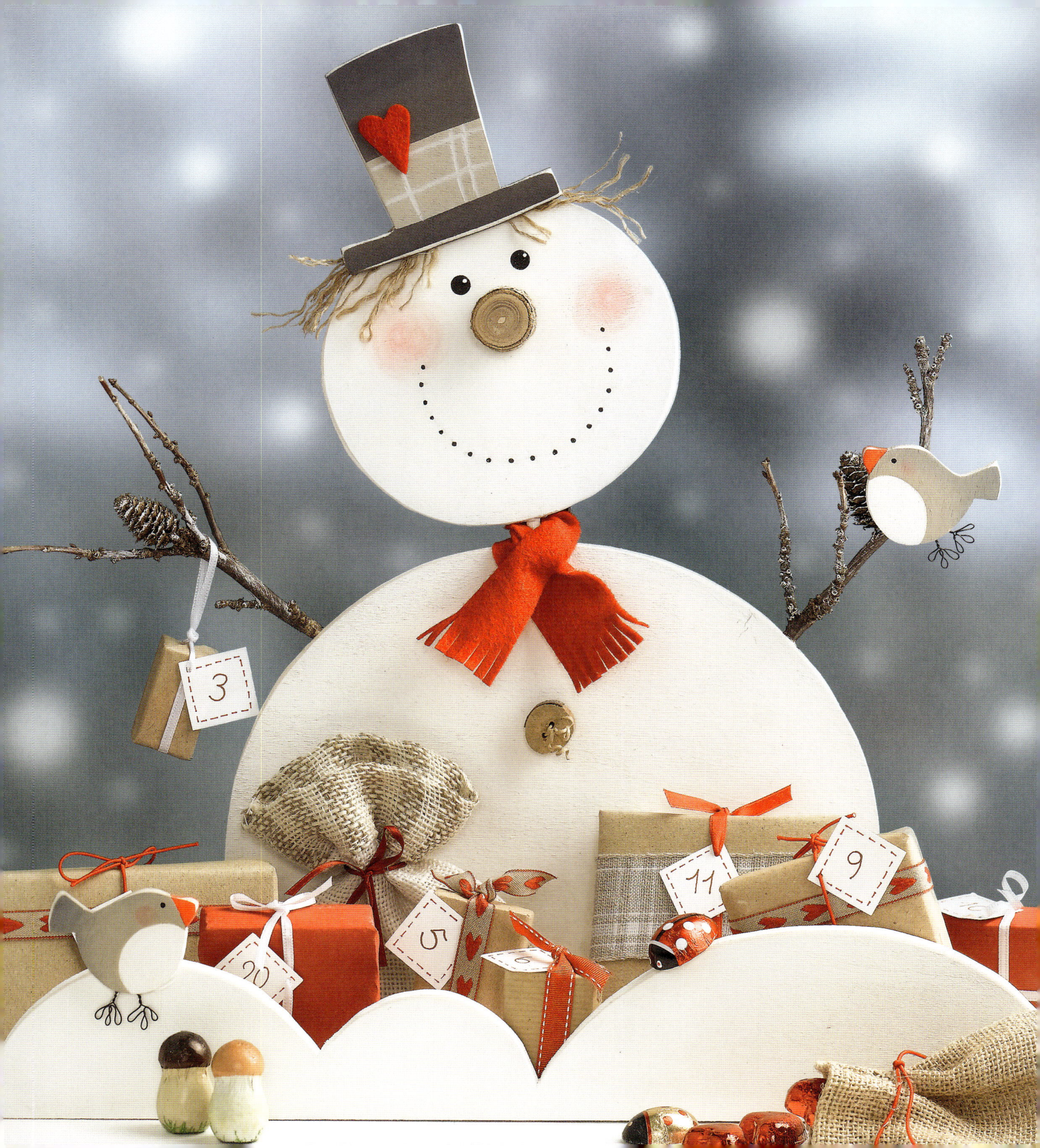
3
11
9
5
20

FILIGRANES WINTERMANDALA

MOTIVHÖHE

ca. 35 cm

MATERIAL

* Mobilefolie, 35 cm x 35 cm, 1 mm stark
* Transparentpapier oder Butterbrotpapier, 35 cm x 35 cm
* Frost-Effektfarbe
* Organzaband in Weiß, ø 1 cm, 1 m lang
* Äste
* Holzscheibe, ø ca. 4,5 cm
* Sternanis
* Wachshalbperle in Weiß, ø 6–8 mm
* kleine Lärchenzapfen, geweißt
* ca. 12 Wachsperlen in Weiß, ø 1,2 cm

VORLAGEN

Seite 72

1 Auf die Mobilefolie mit einem breiten Pinsel die Frost-Effektfarbe tupfend auftragen. Gut trocknen lassen.

2 Auf Transparentpapier (oder Butterbrotpapier) in der gleichen Größe wie die Mobilefolie die Mitte des Kristalle sowie einen Zweig abpausen. Die anderen Zweige in den angegebenen Positionen ergänzen.

3 Die Vorlage mit Klebestreifen unter der Mobilefolie befestigen. Die Naturmaterialien mit der Klebepistole auf die Folie kleben. In der Mitte mit der Holzscheibe beginnen. Dann einen Lärchenzapfen nach dem anderen aufkleben.

4 Die Ästchen mit einer Haushaltsschere kürzen und aufkleben. Die Arbeit muss nicht exakt ausgeführt werden. Die Wachsperlen an den Enden befestigen, dabei darauf achten, dass sich die Löcher seitlich befinden. In die Mitte des Mandalas einen Sternanis und eine Halbperle kleben.

5 Mit einer Prickelnadel die Mobilefolie lochen, das Organzaband für die Aufhängung durchziehen und verknoten.

MEIN TIPP FÜR SIE

Im Hobbyfachhandel sind bereits geweißte Holzscheiben und Lärchenzapfen erhältlich. Sie können diese aber auch selbst bemalen.

Dieses Mandala kann auch auf einem weißen Keilrahmen oder einer weißen Holzplatte gestaltet und ebenso mit anderen Naturmaterialien wie Zimtstangen, Erlenzapfen usw. ausgeführt werden.

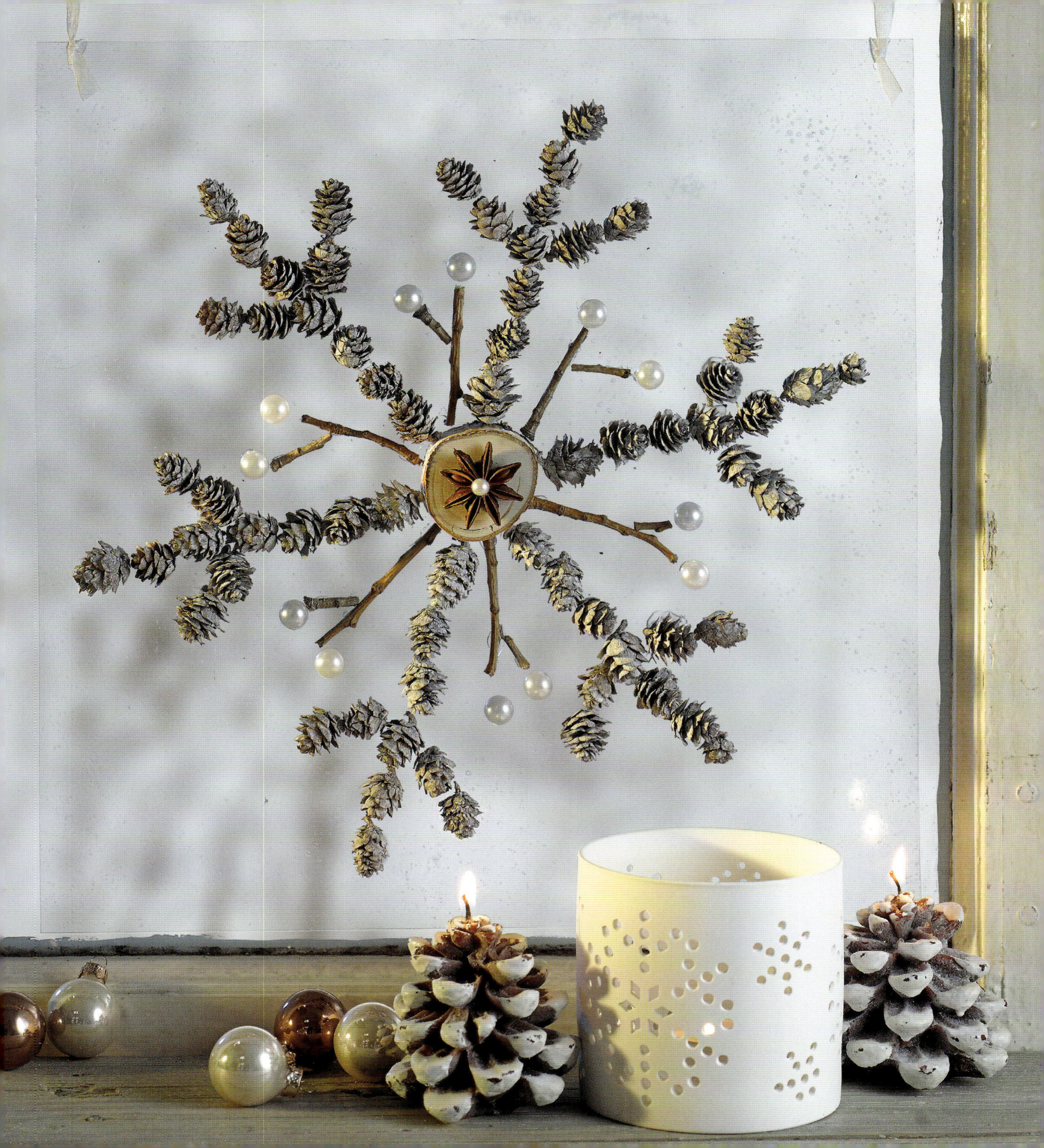

VERGNÜGTE RENTIERE

MOTIVHÖHE

ca. 10 cm

MATERIAL

* Sperrholz, 6 mm, A4
* Buchensperrholzrest, 3 mm stark
* Acrylfarbe in Schwarz
* Schleifenband in Rot-Weiß kariert, 6 mm breit, 4 x 10 cm lang
* 4 Metallglöckchen in Gold, ø 1 cm
* Filzreste in Rot und Weiß

VORLAGEN

Seite 77

1 Alle Motivteile aussägen: die Körper aus 6 mm starkem und die Geweihe aus 3 mm starkem Sperrholz. Die Kanten vorsichtig glatt schmirgeln, die Geweihe können leicht brechen.

2 Die Innenlinien mit Transparentpapier übertragen und die Gesichter mit Acrylfarbe und einem feinen Haarpinsel gestalten (Filzstiftfarbe verläuft auf nicht grundiertem Holz). Die Wangen mit Buntstiftabrieb aufreiben.

3 Die Filzherzen mit der Nagelschere ausschneiden und auf die Satteldecke kleben. Das Glöckchen auf das Band ziehen und es um den Hals knoten.

4 Die Geweihe aufstecken und die Rentiere mit ihren gabelförmigen Beinen in den Adventskranz stecken.

MEIN TIPP FÜR SIE

Buchensperrholz ist fester als normales Pappelsperrholz und für die Geweihe gut geeignet, weil es nicht so leicht bricht.

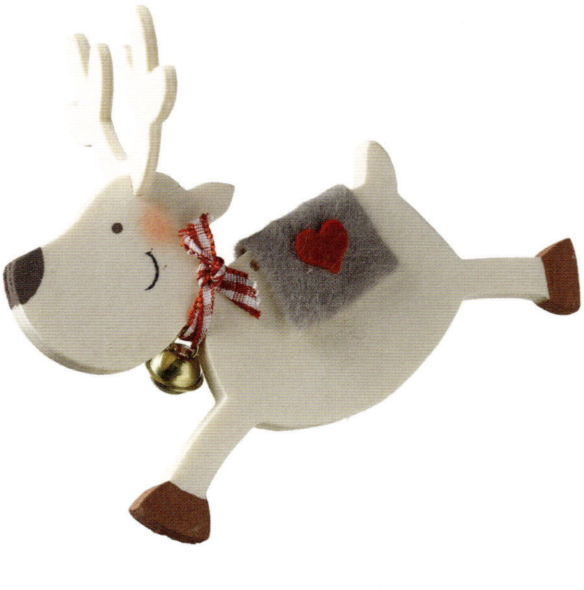

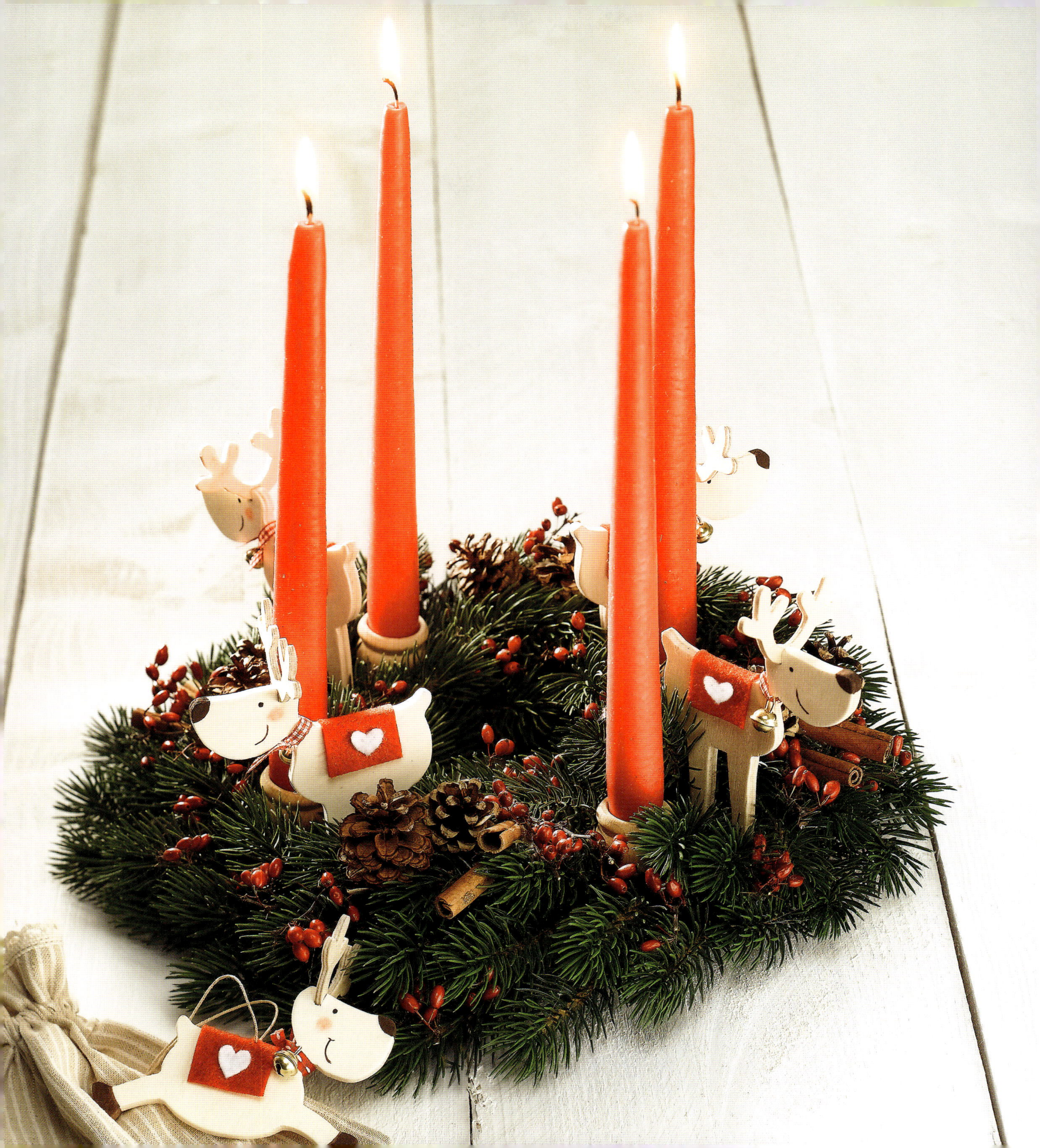

HÜBSCH VERZIERTE DOSEN UND GLÄSER

MOTIVHÖHE

nach Belieben

MATERIAL

* Metalldosen
* Schraubverschlussgläser
* Kreidefarbe in Weiß, Hellblau, Braun, Grau und Beige
* verschiedene Bänder in dazu passenden Farben
* Knöpfe in Weiß, ø 1–1,5 cm
* Adventskalenderzahlen (aus diesem Buch)
* evtl. Spitzen-Aufkleber, ø 6 cm

1 Die Metalldosen gründlich säubern und mit Kreidefarbe bemalen. Diese Farbe ist auch auf Metall gut deckend. Man kann die Farben auch miteinander mischen, so entsteht eine noch größere Farbenvielfalt. Gut trocknen lassen und dann nach Wahl leicht mit Schleifpapier schräg abschleifen, um einen Vintage-Look zu erzielen.

2 Die Metalldosen mit den Bändern und Spitzenborten bekleben. Die Schilder mit den Zahlen direkt auf die Dose kleben oder mit einer Lochzange lochen und mit einem Faden rundherum befestigen.

3 Bei den Weckgläsern können die Zahlenanhänger auf den Deckel geklebt werden, evtl. mit kleinen runden Spitzen-Aufklebern darunter.

MEIN TIPP FÜR SIE

In die Gläser können Sie die trockenen Zutaten für Ihre Lieblingsplätzchen geben, dazu das passende Rezept. Nach Weihnachten können die Metalldosen als Bleistiftbehälter oder kleine Blumentöpfe dienen.

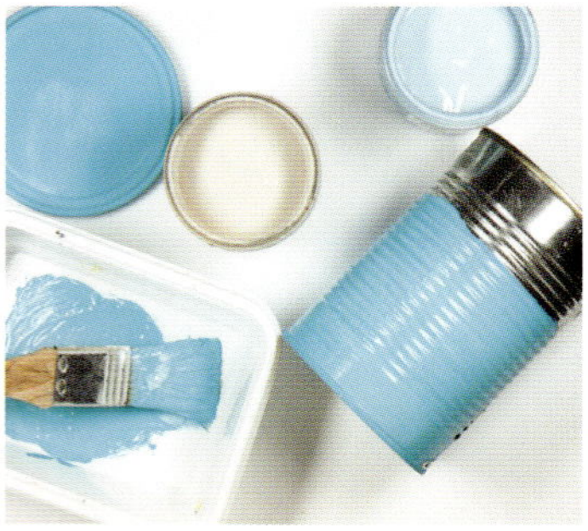

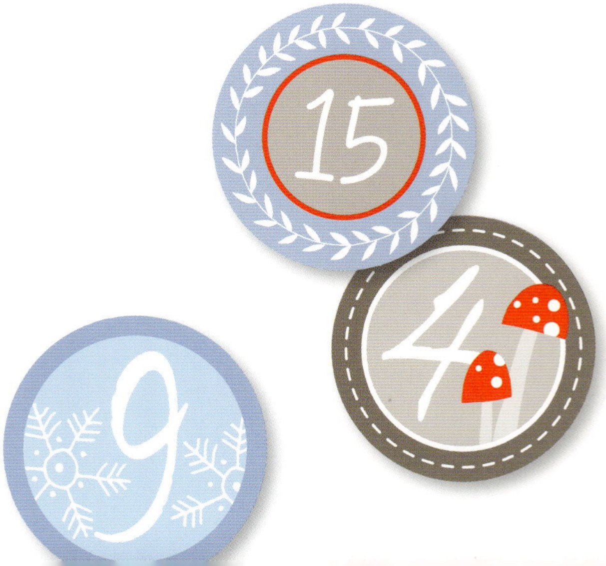

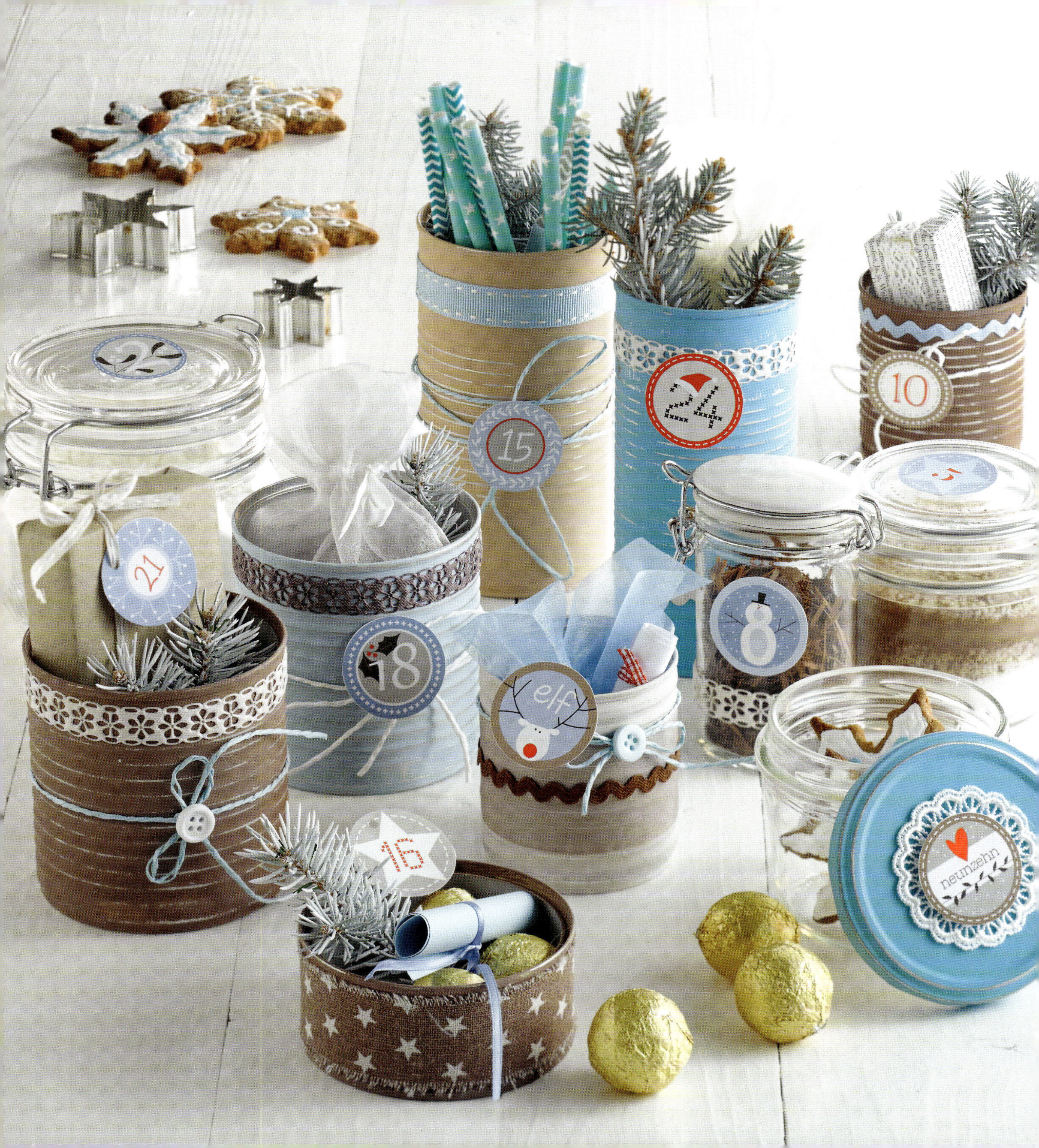
2
15
24
10
5
21
18
elf
16
neunzehn

DEKORATIVE KUGELN UND HERZEN

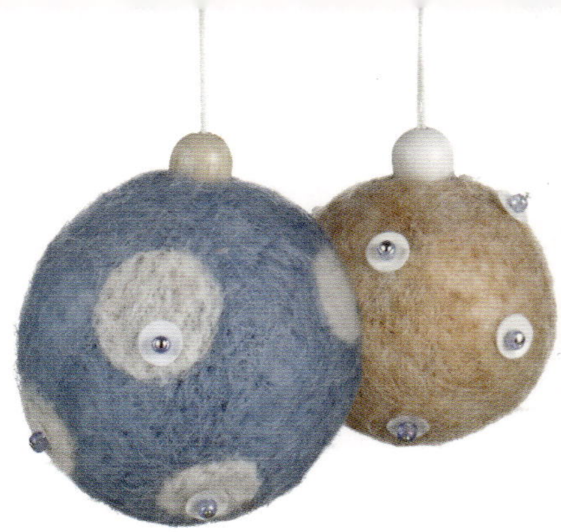

MOTIVHÖHE

Kugeln ø 4 – 8 cm

Herzen ca. 7 cm

MATERIAL KUGELN

* Styroporkugeln, ø 7–8 cm
* Filzwolle in Weiß, Grau, Braun, Hellbraun und Hellblau
* Filznadeln, mittel und fein
* Faden in Weiß
* Holzperlen in Weiß, Natur und Hellblau, ø 1 cm
* Pailletten und Rocailles in Weiß und Blau
* Stecknadeln in Silber
* Häkelnadel Nr. 3

HOLZHERZEN

* Holzherzen, ca. 7 cm hoch
* Acrylfarbe in Weiß, Braun, Hellbraun und Hellblau
* Schablone mit verschiedenen Schneeflocken
* evtl. Schablonen-Haftspray
* Faden in Weiß

FILZKUGELN

1 Die Styroporkugeln zuerst mit wenig Wolle mit der Filznadel befilzen, bis die Kugel gleichmäßig bedeckt ist. Die Wolle muss überall gut auf der Kugel haften. Dann kann man die Kugeln in einem Stoffsack in der Waschmaschine bei 30–40 °C waschen (inkl. Schleudern). Herausnehmen und trocknen lassen.

2 Die Muster mit der Filznadel auffilzen. Für einen Streifen oder eine Spirale einen Strang Filzwolle auf die Kugel auflegen, an einigen Stellen mit der Filznadel befestigen und dann in Form filzen. An den Rändern überstehende Fasern mit der Filznadel greifen, einlegen und anfilzen. Für Kreise zuerst kleine Kügelchen in der Hand vorformen. Ebenso das Herz grob vorformen und dann auf der Kugel in Form filzen.

3 Die Kugeln mit Pailletten und Rocailles dekorieren. Diese mit Stecknadeln anbringen.

4 Für die Aufhängung einen doppelt gelegten Faden verknoten und mithilfe der Häkelnadel durch eine Holzperle ziehen. Mit einer Bleistiftspitze ein Loch in die Filzkugel bohren und die Holzperle dort einkleben.

HOLZHERZEN

1 Die gewünschte Schablone mit der Hand fest auf das Herz drücken und mit wenig Farbe die Schneeflocken auftupfen. Sauberer wird die Arbeit, wenn man Schablonen-Haftspray benutzt (Herstellerangaben beachten).

2 Zum Aufhängen Löcher bohren und Fäden einfädeln.

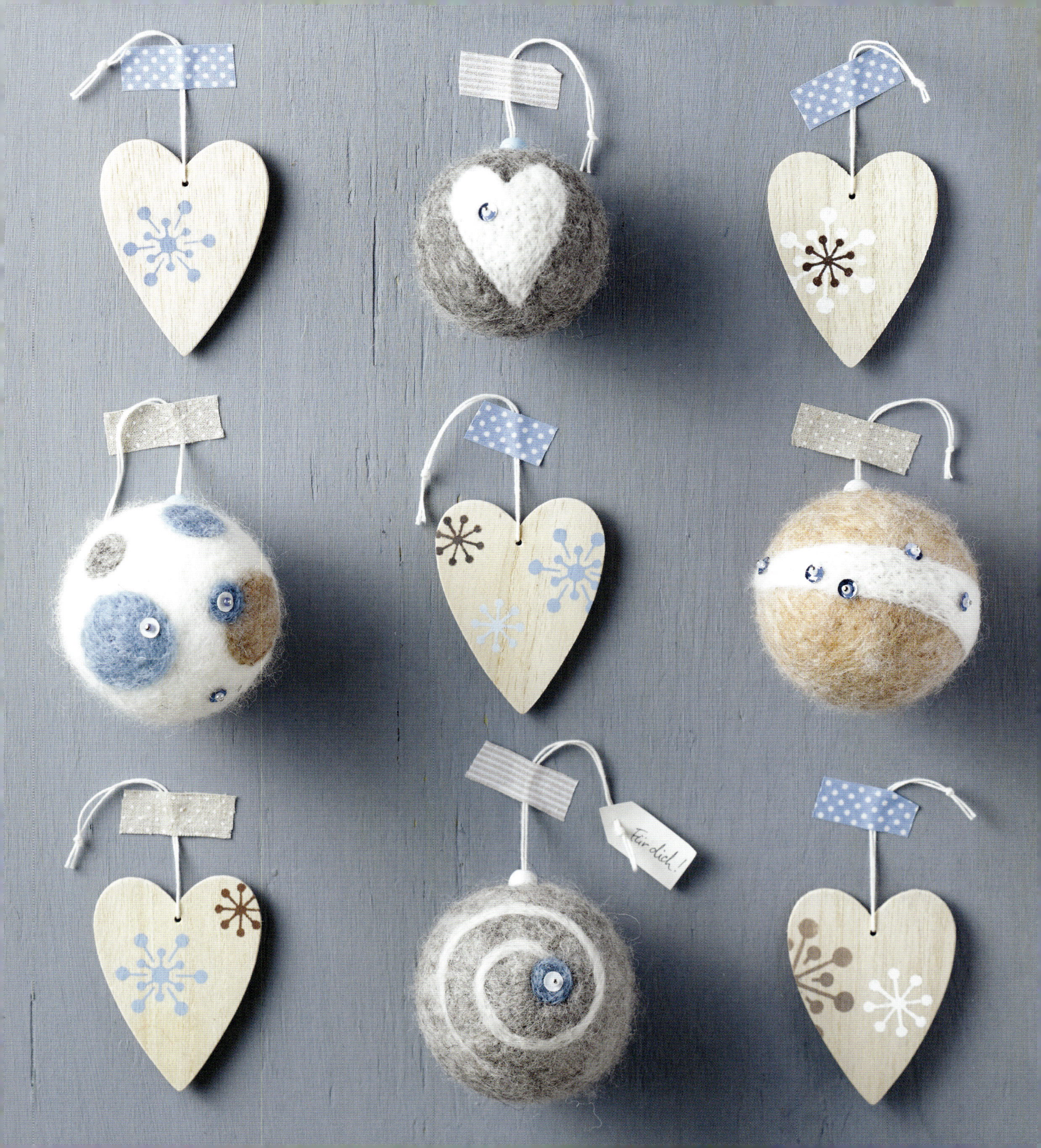
Für dich!

FESTLICHER TÜRKRANZ

MOTIVHÖHE

ca. 20 cm

MATERIAL KRANZ

* Rebenzweig
* Buchsbaumzweige
* rote Beeren
* Lärchenzapfen
* 3 Holzsterne, ø ca. 2,5 cm
* Filzrest in Grau, 2 mm stark
* Stoffrest
* 2 Holzscheiben, ø ca. 3 cm
* 2 Holzknöpfe, ø 1 cm
* 2 Holzhalbkugeln, ø 6 mm
* Acrylfarbe in Weiß, Schwarz und Hellgrün
* Birkenrinde
* Band in Hellgrün-Weiß kariert, 2 cm breit, 50 cm lang

KETTE

* 10 Holzscheiben, ø 5 cm
* Buchstabenstempel, ca. 2 cm hoch
* Stempelkissen in Dunkelbraun
* Beeren oder Holzperlen in Rot, ø 8–10 mm

VORLAGEN

Seite 69

KRANZ

1 Den Eulenkörper aus Filz, die beiden Flügel aus Birkenrinde ausschneiden. Den Stoffrest zuschneiden und mithilfe eines Klebestiftes vorne auf den Körper kleben.

2 Für die Augen die Holzhalbkugeln bemalen und mit der Klebepistole auf die Knöpfe und diese auf die Holzscheiben-Augen kleben. Mithilfe eines Pinselstiels oder mit einem weißen Lackmalstift Lichtpunkte in die Pupillen setzen. Als Schnabel einen Lärchenzapfen aufkleben. Zwei kleine Äste als Füße unten am Eulenkörper ankleben.

3 Den Kranz aus den Rebenzweigen binden und die Drahtbindungen mit Holzsternen verdecken. Holzsterne und Kranz nach Belieben noch mit etwas weißer Farbe bemalen.

4 Die Eule mit der Klebepistole an den Kranz kleben. Buchsbaumzweige darüber ankleben oder -binden. Ein Paar geweißte Lärchenzapfen und rote Beeren ergänzen.

KETTE

In die Holzscheiben Löcher bohren. Die Scheiben dann mit den gewünschten Buchstaben bestempeln und mit den Beeren und Blumendraht zu einer Kette verbinden.

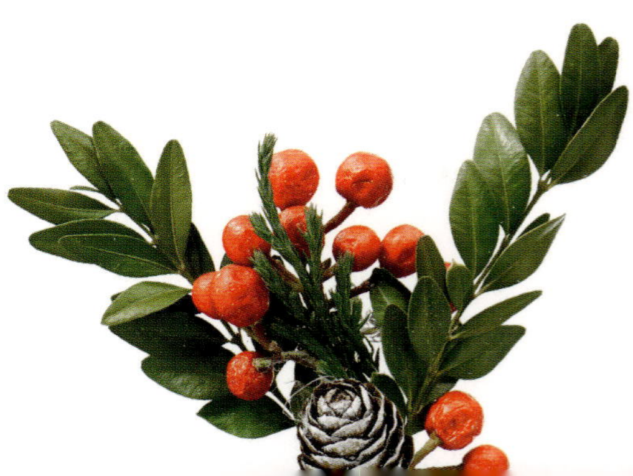

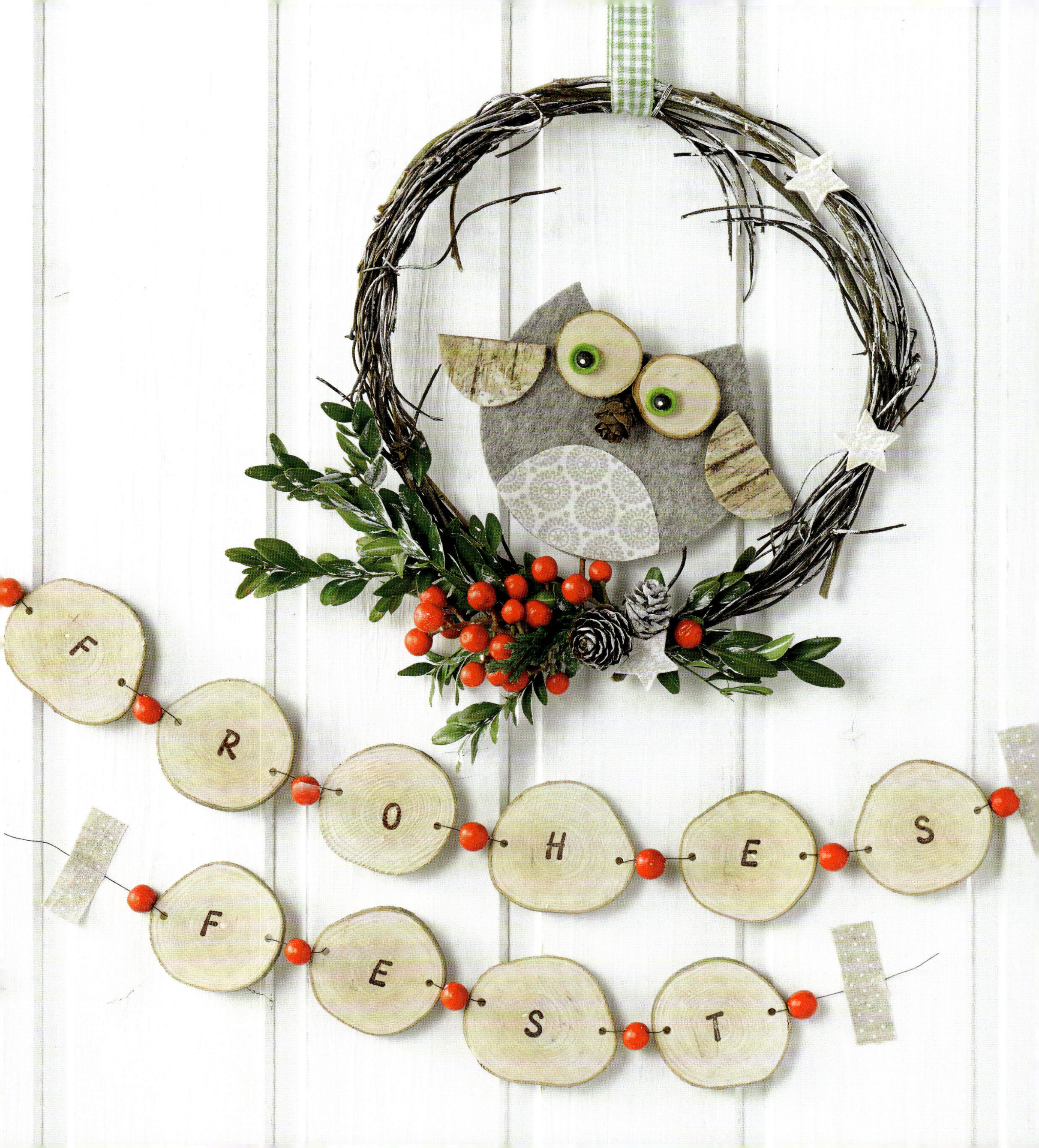
FROHES
FEST

NIEDLICHER PIEPMATZ

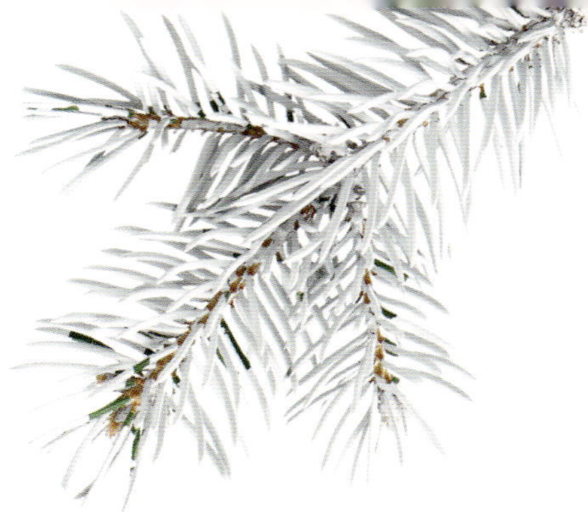

MOTIVHÖHE

Vogel ca. 6 cm

MATERIAL

* Packpapier in Natur
* Stempel mit Vögelchen, 6 cm hoch
* Stempelkissen in Dunkelbraun
* Fotokartonreste in Braun, Grau und Taupe
* Acrylfarbe in Weiß und Rot
* Lackmalstift in Weiß
* kleine Zweige
* Schreibpapier, kariert
* Zündholzschachtel
* Memoblock
* Leinenband in Natur, 2,5 cm breit

VORLAGEN

Seite 73

1 Mit dem Lieblingsstempel, Packpapier, etwas Farbe und Naturmaterialien lassen sich hübsche Geschenkverpackungen und kleine Geschenke anfertigen. Die Einzelteile wie hier beschrieben anfertigen und nach Belieben kombinieren.

2 Kleine Zweige auf ein Stück Papier legen und mit weißer Acrylfarbe übermalen. Gut trocknen lassen.

3 Die Vögelchen mit einem Stempel und einem dunkelbraunen Stempelkissen aufstempeln. Die Mütze mit einem weißen Lackmalstift oder mithilfe eines Pinsels und weißer Acrylfarbe ausmalen, den Schnabel und die Füße mit Acrylfarbe, Buntstift oder Filzstift in Rot gestalten.

4 Die Schneeflocken entweder mit dem weißen Lackmalstift aufmalen oder einen Pinselstiel in die weiße Acrylfarbe tauchen und auftupfen.

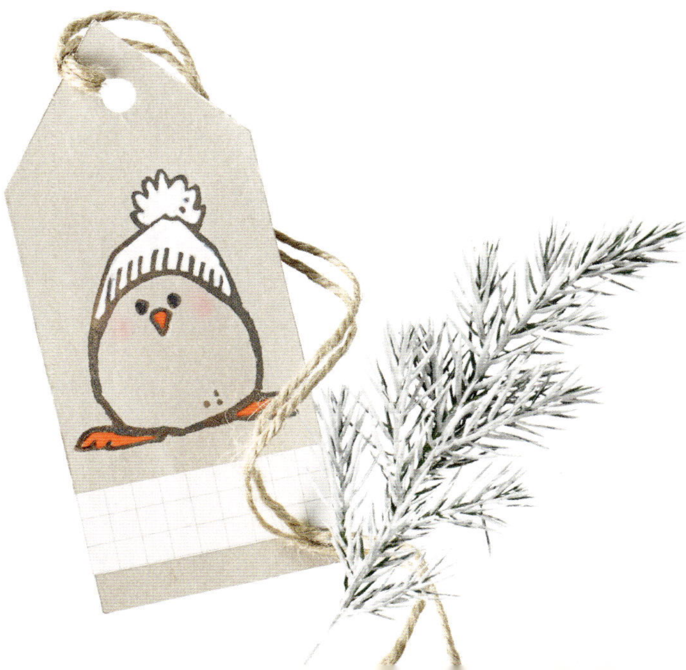

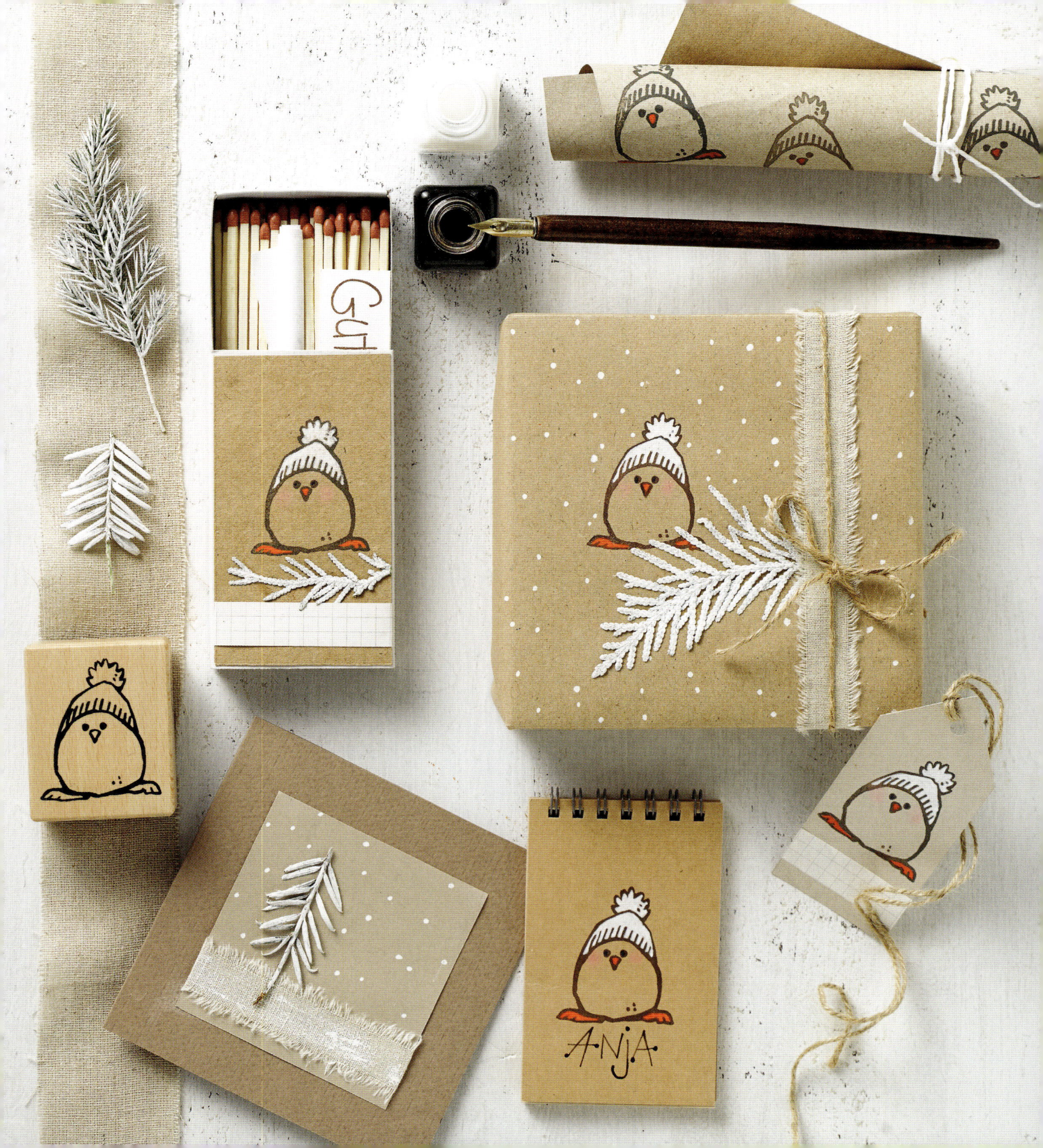
ANJA

CHARMANTES RENTIERPAAR

MOTIVHÖHE

ca. 54 cm

MATERIAL PRO RENTIER

* Vierkantholz, 8 cm x 8 cm, 29 cm lang
* Leimholz, 15 cm x 15 cm, 1,8 cm stark
* Sperrholz, ca. 20 cm x 20 cm, 6 mm stark (Geweih und Herz)
* Holzstab, ø 5 mm, 9 cm lang
* Holzscheibe, ø ca. 3,5 cm
* Holzbohrer, ø 5 mm
* Lärchenzweig, rote Beeren und grüne Zweige
* Kordel in Weiß, ø 2 mm, 50 cm lang
* Leinenband in Natur, 5 cm breit, 40 cm lang
* Band in Weiß-Braun oder Weiß-Rot gestreift, je 1 cm breit, je 50 cm lang
* Acrylfarbe in Weiß und Hellbraun oder Beize in Kirschbaum

VORLAGEN

Seite 67

1 Das Gesicht des Rentiers aus Leimholz aussägen, Geweih und Herz aus Sperrholz. Die Formen mit Schleifpapier an den Kanten glätten. Die beiden Löcher für den Hals in Kopf und Körper bohren (jeweils ca. 3 cm tief).

2 Die Motivteile für das helle Rentier mit verdünnter weißer Acrylfarbe bemalen. Den Hals ebenfalls bemalen. An einigen Stellen mit hellbrauner Acrylfarbe Schattierungen in die nasse Farbe setzen.

3 Das rechte Rentier mit Beize gestalten und mit etwas Schwarz und Weiß schattieren.

4 Das Gesicht wie auf Seite 62 bei Schritt 2 beschrieben gestalten. Als Nase eine Holzscheibe ankleben. Die Geweihteile von hinten an den Kopf kleben und liegend gut trocknen lassen.

5 Die Figur mit Holzleim zusammenkleben. Den Holzstab für den Hals in die zuvor gebohrten Löcher kleben; er sollte ca. 3 cm herausschauen.

6 Das gestreifte Band um den Hals schlingen und verknoten. Dem hellen Rentier das Holzherz umhängen. Dem braunen Rentier das Leinenband um den Körper legen und aufkleben, daran mit der Kordel noch die roten Beeren und den Lärchenzweig befestigen.

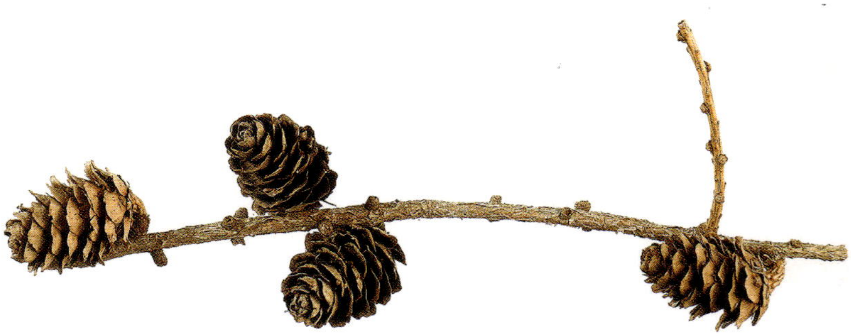

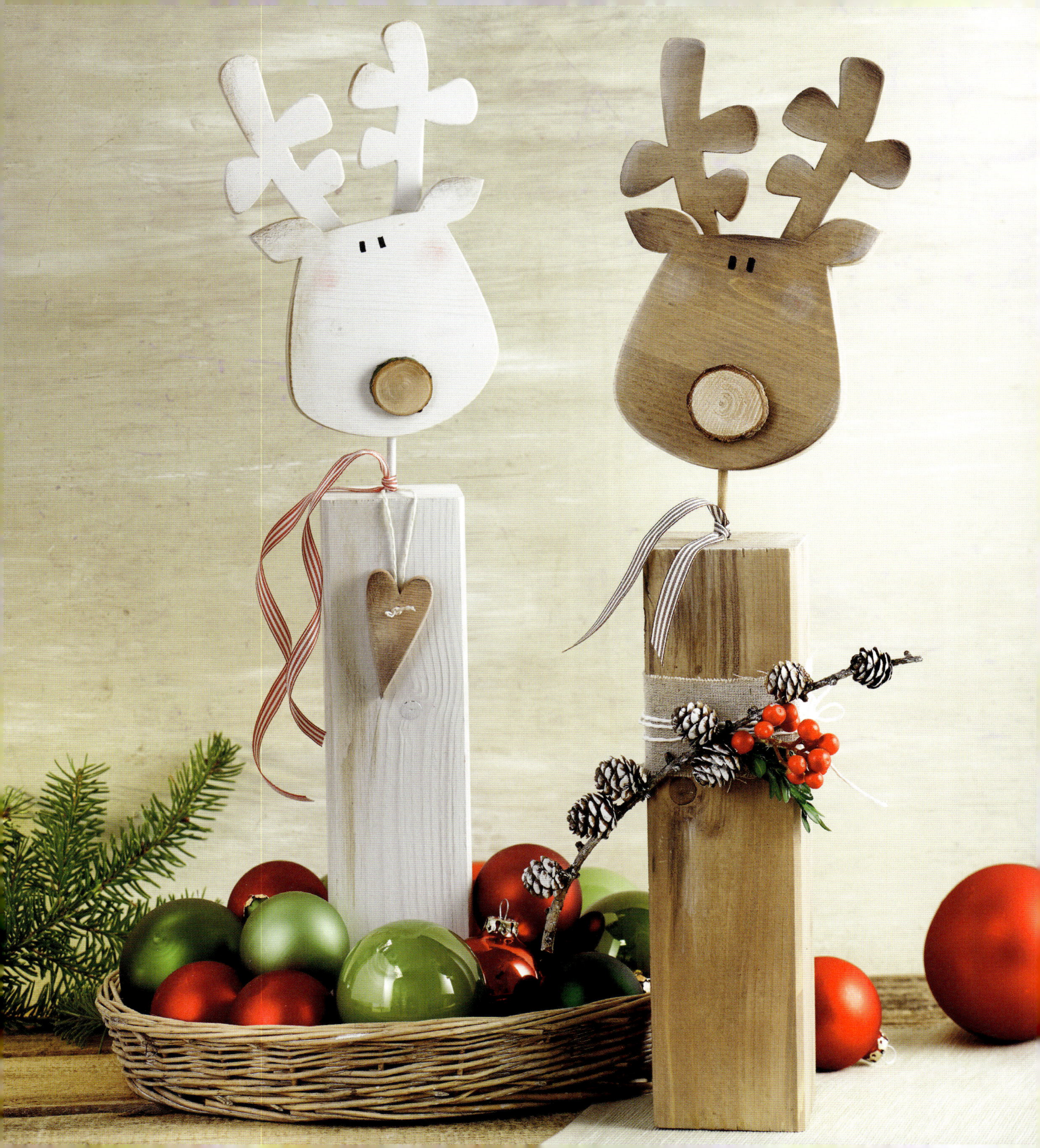

SCHLICHT-SCHÖNER TANNENBAUM

MOTIVHÖHE

ca. 100 cm

MATERIAL

* Leimholz, 65 cm x 100 cm, 1,8 cm stark
* Leimholz, 20 cm x 70 cm, 1,5 cm stark (Stern und Auflagebretter)
* Acrylfarbe in Weiß und Braun
* Pinsel
* Schrauben, ø 4 mm, ca. 5–6 cm lang
* Holzbohrer, ø 4 mm
* Schriftstempel, ca. 10 cm hoch
* Stempelkissen
* Embossingpulver in Weiß
* Embossingföhn

VORLAGEN

Seite 68 + 69

1 Von der 1,8 cm dicken Holzplatte zuerst den 20 cm breiten Streifen für den Stamm absägen und diesen auf 65 cm kürzen. Dann das spitze Dreieck für die Tanne zusägen und aus einem Rest den 35 cm x 20 cm großen Sockel zusägen. Die Regalbretter und den Stern aus dem dünnen Leimholz anfertigen (siehe Zuschnittsskizzen auf Seite 68).

2 Jeweils eine Seite der Regalbretter passend an die Baumkante schräg zuschneiden. Die Kanten mit Schleifpapier glätten.

3 Das Rechteck für den Stamm mittig auf das Baum-Dreieck auflegen und mit Holzleim aufkleben, evtl. zusätzlich mit kleinen Schrauben befestigen. Den Baum mittig auf den Boden setzen und den Umriss des Stammes mit Bleistift darauf nachfahren. In den Umriss zwei Löcher bohren und von unten Schrauben einführen, um den Stamm darauf befestigen zu können (siehe Skizze auf Seite 69).

4 Ebenso mit den Regalbrettern verfahren. Die Bretter mithilfe von kleinen Schrauben am Baum befestigen.

5 Den Baum mithilfe eines breiten Pinsels zügig mit verdünnter weißer Acrylfarbe bemalen. Gut trocknen lassen.

6 Den Stern mit verdünnter brauner Acrylfarbe bemalen und nach dem Trocknen mit einem Stempelabdruck verzieren (siehe Seite 26).

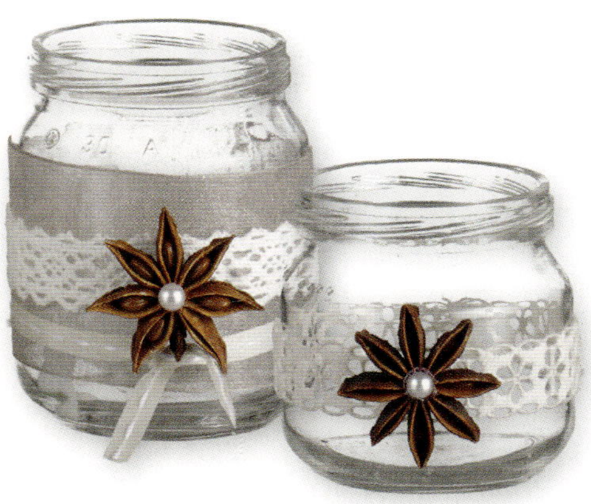

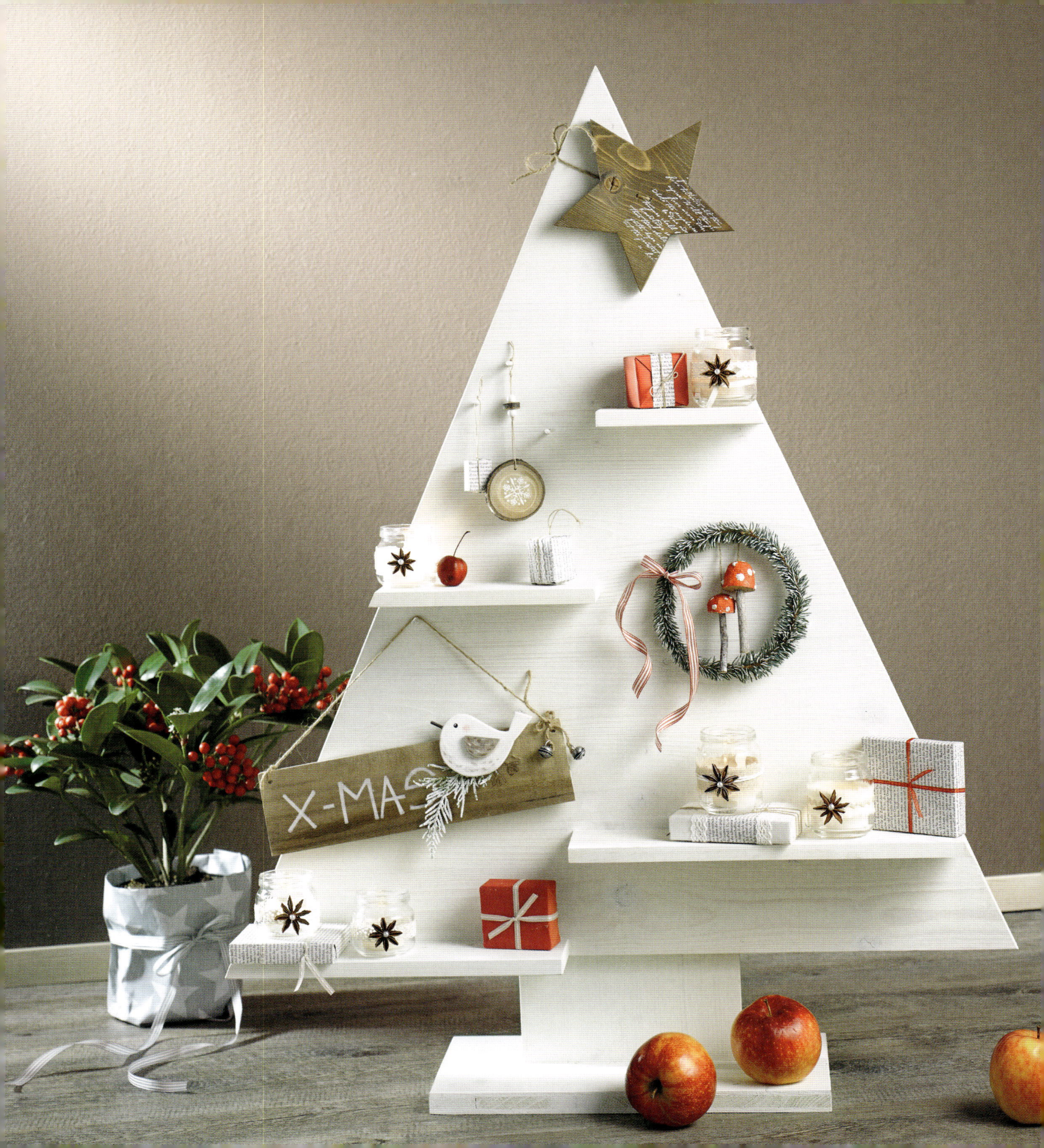
X-MAS

NATÜRLICHER BAUMSCHMUCK

MOTIVHÖHE

ø 4–10 cm

MATERIAL

* Holzscheiben in verschiedenen Größen, ø 4–10 cm
* kleine Holzscheiben, ø 1,5–2cm
* Kordel in Natur, ø 2 mm
* Federn
* Holzperlen in Weiß, ø 8 mm
* Bohrer, ø 2 mm
* Stempel mit Schneekristallen
* Stempelkissen in Weiß
* Embossingpulver in Weiß
* Embossingföhn
* evtl. Klarlack, matt
* Häkelnadel Nr. 3

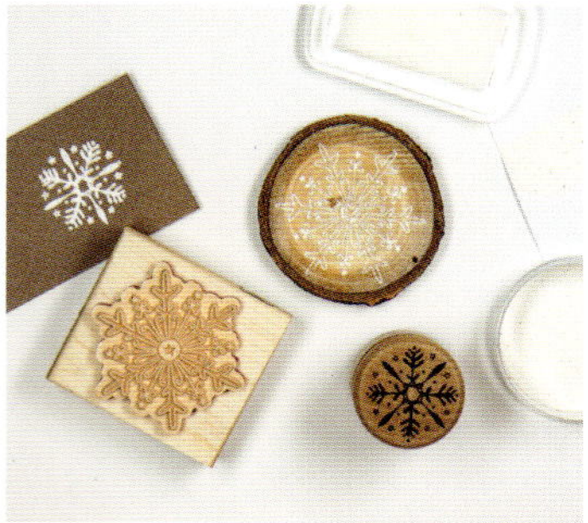

1 Die Holzscheiben mit feinem Schleifpapier schleifen, damit das Stempelmotiv gut haften kann. Das Loch für die spätere Aufhängung mit dem Bohrer bohren. Die Holzscheite evtl. mit Klarlack bemalen, so wird das Holz etwas dunkler und die weißen Kristalle kommen später besser zur Geltung. Gut trocknen lassen.

2 Das Papier mittig falten und als Untergrund verwenden. Das Motiv auf die Holzscheibe stempeln. In die feuchte Stempelfarbe das weiße Embossingpulver streuen. Überschüssiges Pulver auf das Papier abschütteln und mittels der Faltkante wieder zurück in die Dose schütten.

3 Mit dem Embossingföhn das Stempelmotiv so lange föhnen, bis das Pulver restlos geschmolzen ist und das Motiv lackartig erscheint.

4 Mit der Häkelnadel zuerst den Faden durch das Loch und dann beide Fadenenden durch die Holzperle ziehen. Eine kleine Feder auf den Holzscheibenrand kleben. Evtl. noch einen Knoten machen und weitere Holzperlen und kleine Holzscheiben auffädeln.

MEIN TIPP FÜR SIE

Die Holzscheiben dienen als Geschenkanhänger, Christbaum- oder Fensterschmuck, sind aber auch als Schlüsselanhänger hübsch.

LIEBE ENGELCHEN

MOTIVHÖHE

großer Engel ca. 45 cm

MATERIAL

* Holzlatte, 1,8 cm stark, 12 cm breit, 45 cm lang (großer Engel) und 31 cm lang (kleiner Engel)
* Sperrholz, 6 mm stark, 30 cm x 12 cm
* Acrylfarbe in Weiß, Hautfarbe, Hellbraun, Grau, Taupe, Gold und Hellblau
* Stempel: Schrift und Schneekristall
* Embossingföhn
* Stempelkissen und Embossingpulver in Silber und Weiß
* Kordelrest, ø 3 mm
* kleines Glas, ca. ø 5 cm
* dünner Blumendraht in Braun
* Zackenlitze in Weiß, 15 cm lang
* Wachsperlen in Weiß und Gold, ø 3–5 mm
* Malerkrepp, 3 cm breit
* Bohrer, ø 2 mm

VORLAGEN

Seite 77

1 Die Engel aus der Holzlatte, die Flügel und das Herz aus Sperrholz aussägen. Die Kanten mit Schleifpapier glätten. In den großen Engel zwei Löcher zum Anbringen des Glases bohren. Bei beiden Engeln nahe der Oberkante ein Loch für die Aufhängung bohren.

2 Zuerst das Gesicht gestalten. Damit die Farbe nicht in die Kleidchenfläche läuft, Malerkrepp an die Unterkante kleben. Das Gesicht mit Hautfarbe (gemischt mit Weiß, damit es nicht zu dunkel wird) bemalen und mit Hellbraun rundherum leicht schattieren. Den Malerkrepp entfernen und die Farbe gut trocknen lassen.

3 Nun Malerkrepp unten auf die Gesichtslinie kleben und das Kleid mit Weiß oder Hellblau bemalen. Die Flügel in Weiß oder Taupe und das Herz in Gold bemalen. Das Herz an den Rändern mit Taupe schattieren. Gut trocknen lassen.

4 Dann die Augen mit wasserfestem Stift, den Mund mit Buntstift und die Nase mit Farbe aufmalen. Die Wangen mit Buntstiftabrieb röten. Für die Haare Kordelstücke mittig mit Blumendraht bündeln. Die Drahtstücke zum Fixieren miteinander verdrehen und durch das zuvor gebohrte Loch fädeln. Die Drahtenden zu einer Schlaufe legen, miteinander verdrehen und als Aufhängung verwenden.

5 Die Stempelmotive aufsetzen und Embossingpulver aufstreuen. Überschüssiges Pulver wieder abschütten, dann die Motive durch Erwärmen mit einem Embossingföhn embossen. Das Herz auf den Körper des kleinen Engels kleben. Der große Engel bekommt noch eine Zackenlitzenverzierung. Die Flügel an der Rückseite ankleben.

6 Das Glas mehrere Male mit Draht umwickeln, dabei Perlen auffädeln. Die Drahtenden dann durch die beiden Löcher zur Rückseite führen und zum Fixieren dort eng miteinander verdrehen.

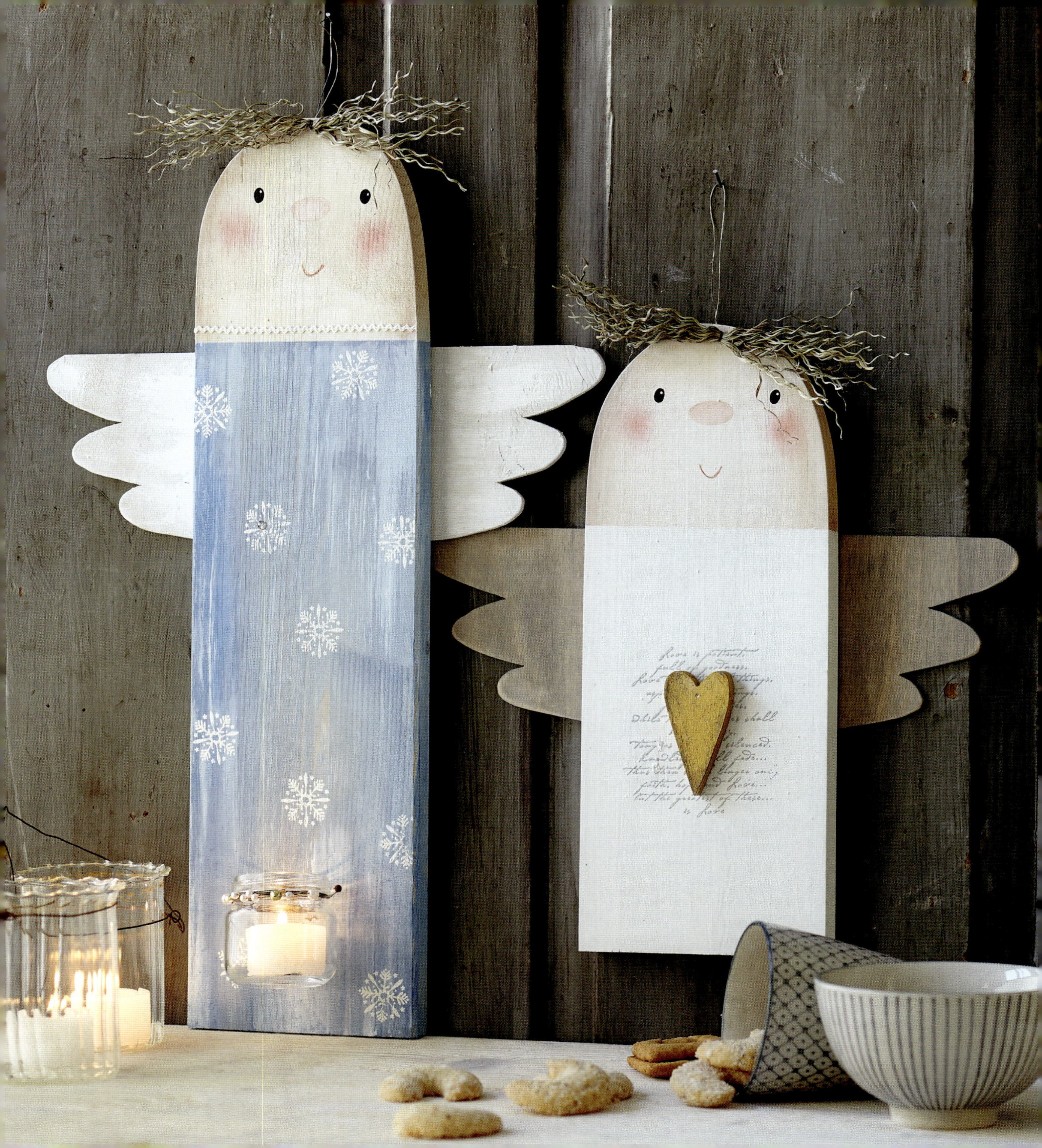

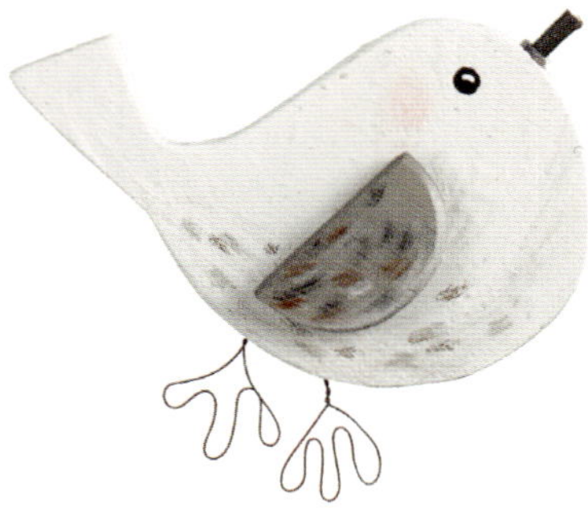

SÜSSE VÖGELCHEN

MOTIVHÖHE

Vogel ca. 7 cm

MATERIAL PRO DEKORATION

* Sperrholzreste, 6 mm stark
* Acrylfarbe in Weiß, Schwarz, Grau und Braun
* Buntstifte in Weiß, Braun, Grau und Rot
* dünner Blumendraht in Braun
* biegsame Zweige, Erlenzapfen, Holzstücke, Islandmoos
* kleines Holzscheit, 18 cm lang
* Holzkristalle, ø 3,5 cm
* Holzperlen in Weiß, ø 8 mm
* Metallglöckchen, ø 1,5 mm
* Anzuchtstopf und Sand
* Kordelrest in Weiß, ø 1 mm

VORLAGEN

Seite 67

1 Die Vögel aussägen und die Ränder mit Schleifpapier glätten. Mit weißer Farbe den Körper bemalen und den Bauch leicht mit Hellgrau schattieren. Die Flügel hellbraun, braun oder grau bemalen. Gut trocknen lassen.

2 Mit Buntstiften kleine Striche auf den Körper und die Flügel malen. Das Gesicht wie auf Seite 62 bei Schritt 2 beschrieben gestalten.

3 Für den Schnabel ein kleines Aststückchen ankleben. Die Füße aus Draht formen. Die Drahtenden verdrehen.

4 Die Holzkristalle mit weißer Farbe leicht anstreichen und eine halbierte Holzperle in der Mitte aufkleben.

5 Für die Dekoration rechts den Anzuchtstopf mit Sand füllen, Moos darüberlegen und den Ast einstecken. Darauf einen der Vögel kleben. Ein Holzkristall an einem Stück weißer Kordel um den Topf wickeln.

6 Für die Dekoration links zwei Löcher in das Holzscheit bohren und die Zweige mit Holzleim einkleben. Gut trocknen lassen. Dann zwei der Vögel und ein Holzkristall aufkleben.

7 Für die Dekoration in der Mitte einen Kranz aus Ästen binden und einen Vogel hineinhängen. Dafür oben und unten zwei Löcher in den Vogelkörper bohren. Unten mit einem Stück Draht das kleine Metallglöckchen anbringen. Durch das andere Loch Draht führen. Den Draht zusammendrehen und mithilfe eines Schaschlikstabes spiralförmig aufdrehen. Holzperlen, geweißte Äste und dann den Kranz daran befestigen. Die Aufhängung nach Belieben weiter verzieren.

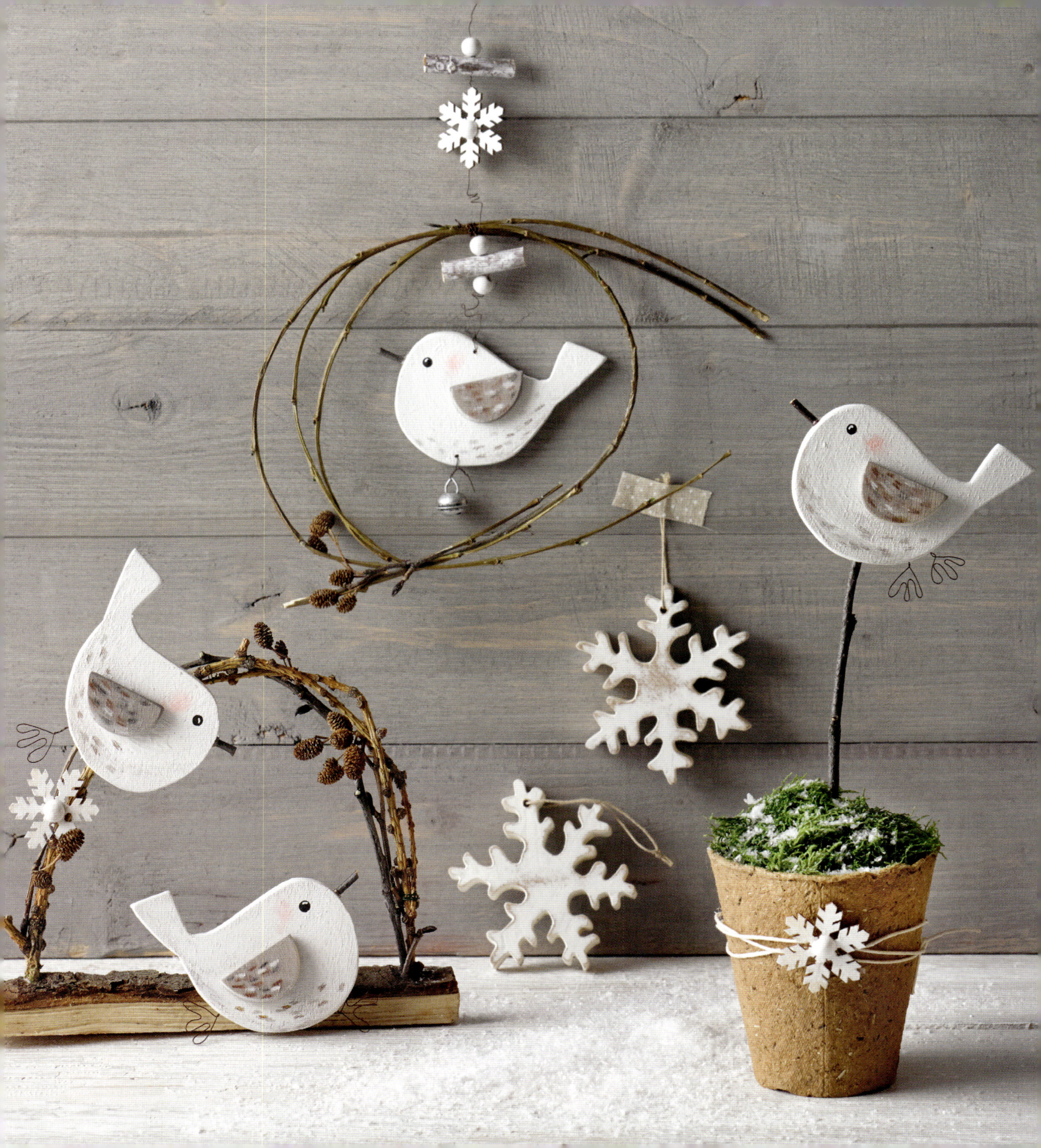

GÜLDENE SCHALE

MOTIVHÖHE

ca. 10 cm

MATERIAL

* Kreativ-Beton (Hobbyfachhandel), ca. 5 kg
* Spatel oder Rundholzstab
* Eimer
* Wasser
* Speiseöl und Pinsel
* größere Plastikschüssel, ø ca. 23 cm, 11 cm hoch
* kleinere Schüssel, ø 19 cm, 9 cm hoch
* Anlegemilch für Dekometall
* Dekometall in Gold
* Acrylfarbe in Weiß und Bronze
* Zeitungspapier

1 Alle benötigten Materialien und Werkzeuge auf der Arbeitsfläche zuvor zurechtlegen, da bei dieser Technik zügig gearbeitet werden muss. Die Arbeitsfläche gut mit Zeitungspapier abdecken.

2 Die große Plastikschüssel mithilfe eines Pinsels von innen gut mit Speiseöl einstreichen, ebenso die Außenseite der kleineren Plastikschüssel.

3 Für den Beton in einem Gefäß Wasser und Betonpulver mischen, dabei die Angaben auf der Packungsanleitung beachten. Zum Rühren können Sie einen Spatel oder einen Rundholzstab verwenden.

4 Einen Teil der Masse in die große Plastikschüssel geben und dann die kleinere Schüssel in die Mitte stellen. Unten einen Boden von 2–3 cm lassen. Etwas Schweres in das innere Gefäß legen (z. B. Steine oder einen schweren Gegenstand, den man im Haus hat) und die große Schale bis zum Rand mit Beton füllen. Über Nacht trocknen lassen.

5 Die fertige Schale von den Plastikgefäßen trennen und evtl. mit Schleifpapier glätten.

6 Die Schale nach Belieben mit Acrylfarbe bemalen. Zuerst die weiße Farbe auftragen, nach dem Trocknen um die Unterkante herum mit Bronze betonen. Für die Goldveredelung die Anlegemilch aufstreichen und gemäß Herstellerangaben antrocknen lassen. Dann das Dekometall auflegen. Mit einem weichen Pinsel andrücken und die überschüssige Folie abnehmen.

MEIN TIPP FÜR SIE

Auf die gleiche Weise können Sie einen Kerzenuntersetzer herstellen. Den angerührten Beton in einen Schachteldeckel aus Karton, der zuvor geölt wird, gießen. Trocknen lassen und aus der Kartonform herausnehmen. Mit Bronzefarbe einen Kreis malen und darüber mit Dekometall einen kleineren Kreis gestalten.

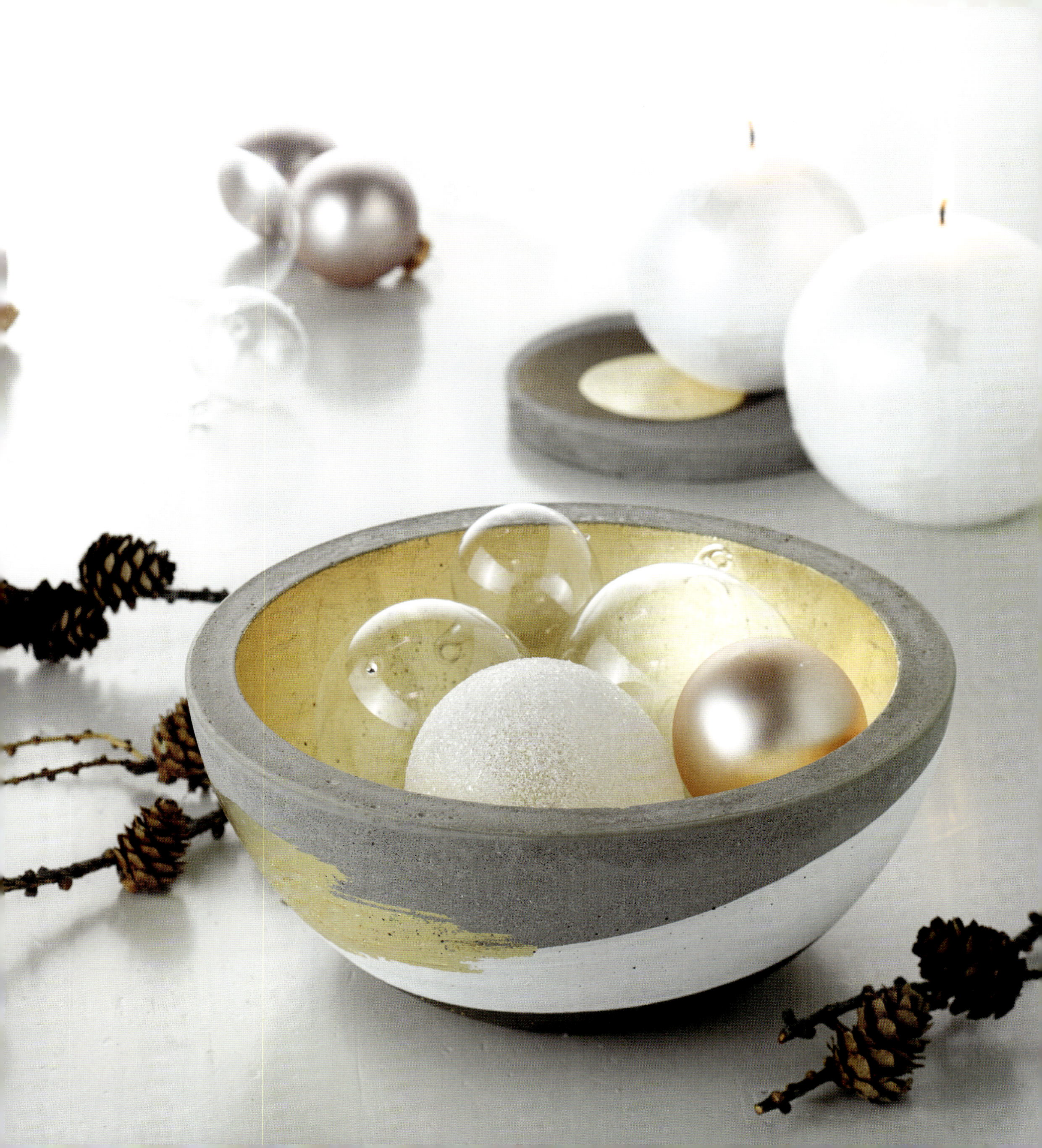

FROSTIGE GESELLEN

MOTIVHÖHE

ca. 30–42 cm

MATERIAL PRO SCHNEEMANN

* Vierkantholz, 8 cm x 8 cm, 8 cm lang (Kopf) und 25 cm (großer Schneemann) oder 21 cm lang (kleiner Schneemann)
* Holzstück, ø ca. 1 cm, 2–3 cm lang (Nase)
* Acrylfarbe oder Kreidefarbe in Weiß und Grau
* Kordel in Natur, ø 2 mm, 30 cm lang
* Metallknopf, ø 2 cm
* 2 Metallglöckchen, ø 2,5 cm
* Strickschal in Grau oder Braun, 3–4 cm breit, 30 cm lang
* Holz- oder Eisenstab, ø 4–5 mm, 8 cm lang
* Bohrer, ø 5 mm
* dünner Blumendraht
* Holzscheibe, ø ca. 6 cm, 5 mm dick (Zylinder)
* Holzstück, ø 2 cm, 6 cm lang (Zylinder)

VORLAGEN

Seite 69

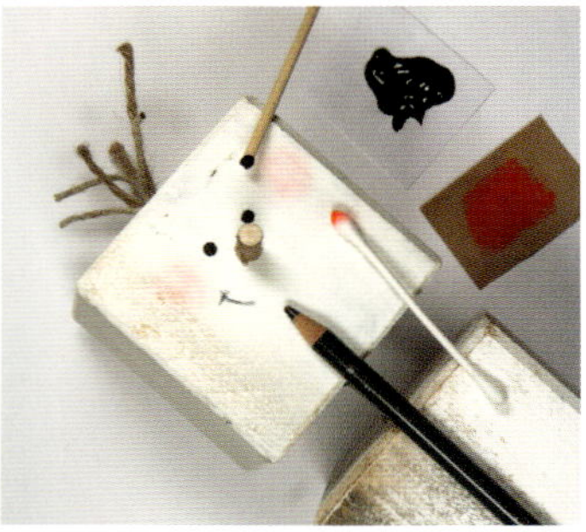

1 Mit dem Bohrer 3 cm tiefe Löcher für den Hals in Kopf und Körper sowie 1–2 cm tiefe Löcher für die Haare in den Kopf bohren. Dann die Formen mit weißer Farbe bemalen. Für einen Vintage-Look stellenweise mit Grau leicht übermalen und nach dem Trocknen mit einem breiten Pinsel wieder weiße Farbe darüber malen, dabei nicht zu präzise arbeiten.

2 Die Augen mithilfe eines Schaschlikstabes mit schwarzer Farbe aufmalen bzw. -tupfen, den Mund mit Buntstift aufmalen. Die Wangen mit rotem Buntstiftabrieb röten. Dazu mit einem Bleistiftspitzer oder einem Stück Schleifpapier etwas Farbe von der Stiftspitze schaben und diese kreisförmig mit einem Wattestäbchen oder der Fingerspitze auftragen. Das Holzstück als Nase aufkleben.

3 Die Figur mit Holzleim zusammenkleben. Als Hals den Holz- oder Eisenstab verwenden. Die Glöckchen für den großen Schneemann an den Draht binden, den Draht mithilfe eines Schaschlikstabes spiralförmig aufdrehen (siehe Seite 28), um den Hals legen und die Enden zusammendrehen. Den Schal umbinden.

4 Der kleine Schneemann erhält noch einen Knopf vorne am Körper sowie seine Haare. Die naturfarbene Kordelschnur in ca. fünf ca. 6 cm lange Stücke schneiden und in das Loch oben im Kopf kleben.

Dem großen Schneemann einen Zylinder aus den zwei restlichen Holzteilen aufsetzen.

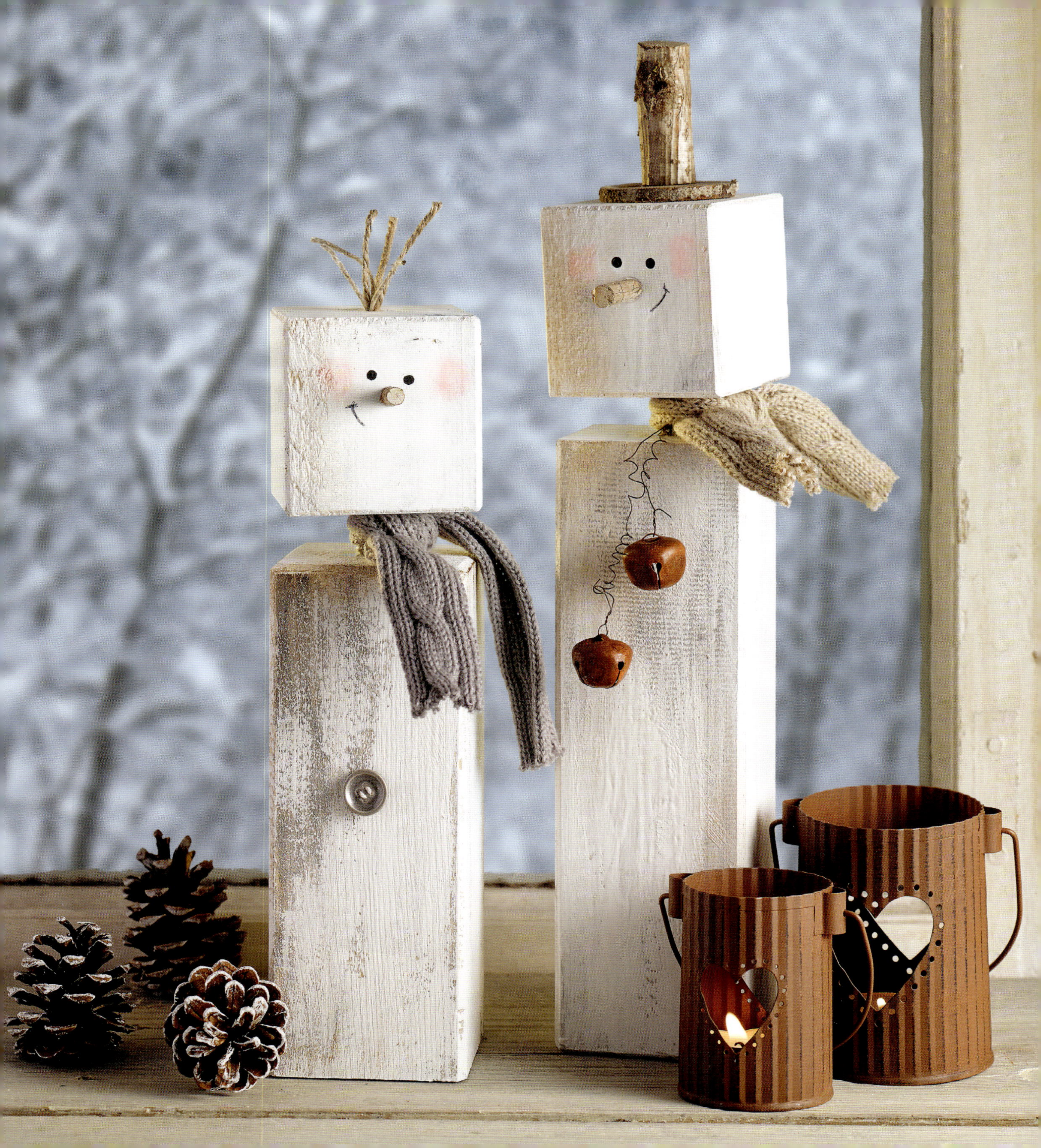

PRÄCHTIGE HIRSCHE

MOTIVHÖHE

* Bild ca. 30 cm
* Aufsteller ca. 15 cm

MATERIAL BILD

* Keilrahmen in Natur, 30 cm x 30 cm
* Acrylfarbe in Weiß und Grau
* Sand oder Schnee-strukturpaste
* Transparentpapier, A4
* Klebefolie, 30 cm x 30 cm

AUFSTELLER

* Holzscheit, ca. 30 cm lang
* Sperrholzrest, 5–6 mm stark
* Acrylfarbe in Weiß

VORLAGEN

Seite 70 + 74

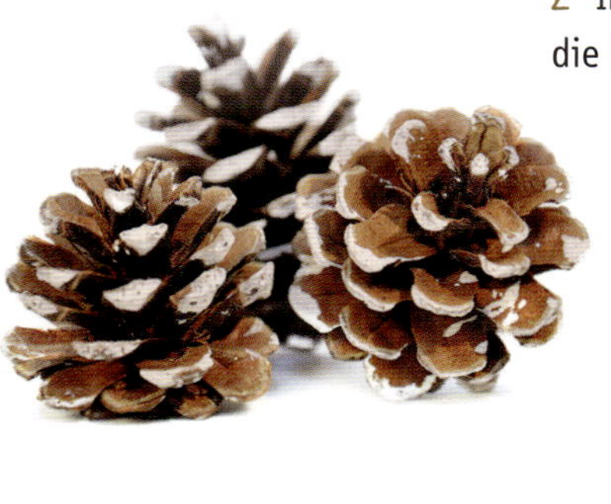

BILD

1 Das Transparentpapier auf Keilrahmengröße kürzen. Vom unteren Rand auf beiden Seiten 6 cm abmessen und eine Bleistiftlinie ziehen. Nun den Baum und den Hirsch von der Vorlage abpausen.

2 Das Rechteck (30 cm x 30 cm) aus der Klebefolie ausschneiden. Das Schutzpapier von der Rückseite abziehen und die Folie auf das Transparentpapier auflegen. Nur leicht andrücken, dann gleich wieder abziehen und auf das Schutzpapier kleben. Die Bleistiftlinien übertragen sich so auf die Folie.

3 Den Baum und den Hirsch mit Cutter und Nagelschere ausschneiden. Die Form auf den Keilrahmen kleben und mit den Fingern an den Rändern gut andrücken.

4 Mit weißer Farbe und einem Borstenpinsel die Farbe Stück für Stück auftupfen. Die Farbe darf nicht zu nass sein, weil sie sonst unter die Schablonenränder läuft. Für den Boden Sand oder Strukturpaste in die Farbe einmischen. Auf den Baumstamm leicht mit grauer Farbe die Muster malen. Dann die Folie abziehen und das Motiv trocknen lassen.

AUFSTELLER

1 Die Figuren von der Vorlage auf die Sperrholzplatte übertragen. Mit einer Laub- oder Dekupiersäge aussägen, die Ränder schleifen und mit weißer Farbe bemalen. Gut trocknen lassen.

2 In das Holzscheit mit einer Holzsäge einen ca. 1 cm tiefen Schlitz sägen, damit die Figuren eingeschoben werden können. Eventuell zusätzlich einkleben.

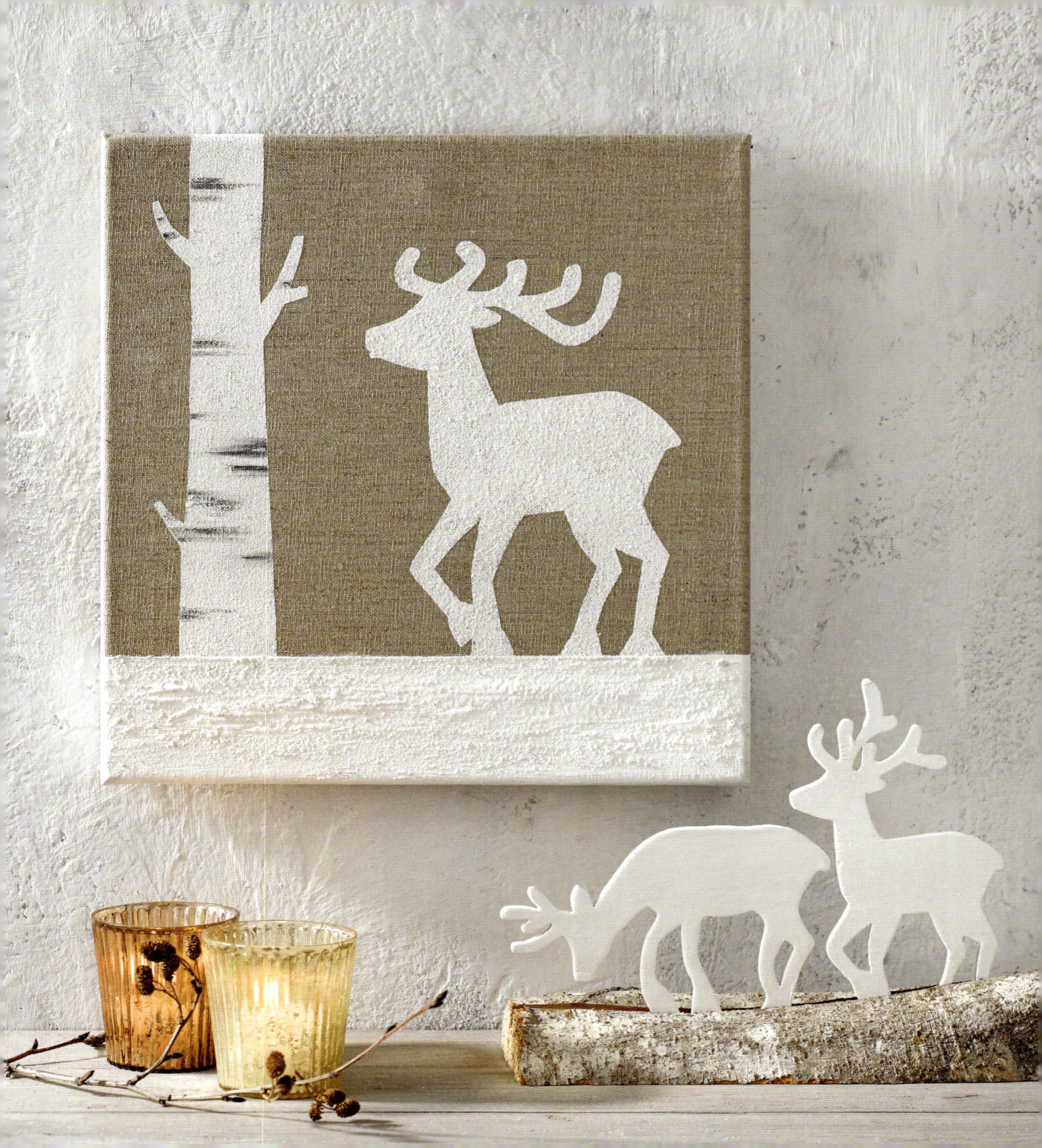

VORLAGEN

DEKO-KUGELN
Seite 10

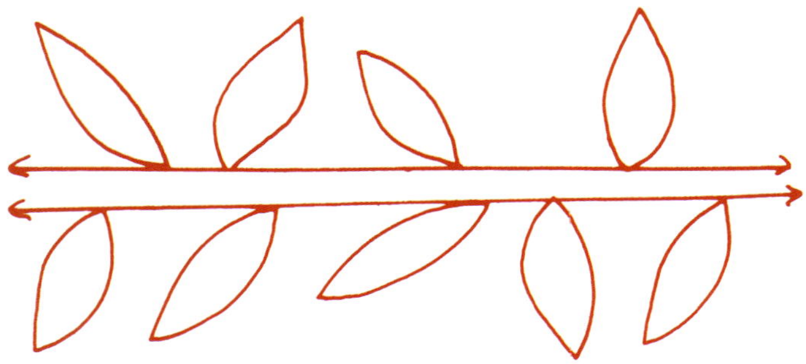

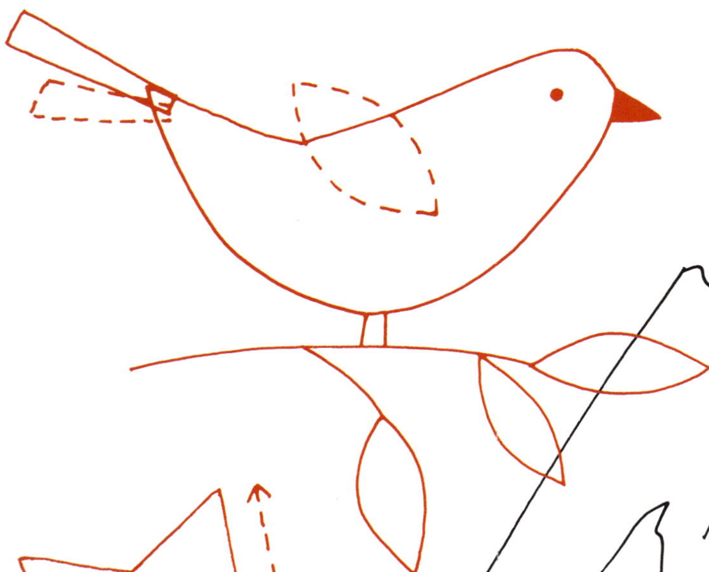

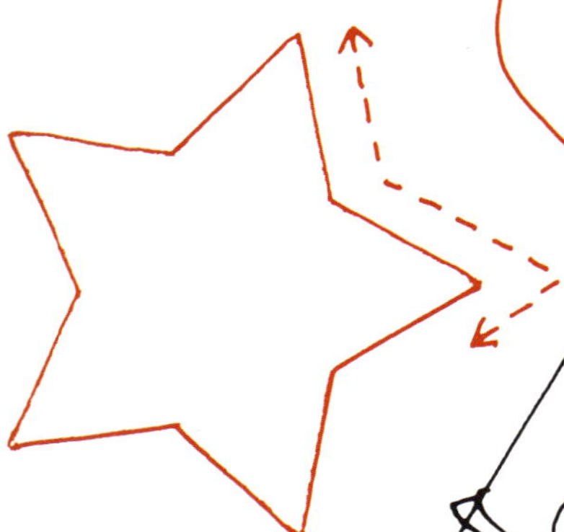

HIMMELSBOTEN
Seite 8

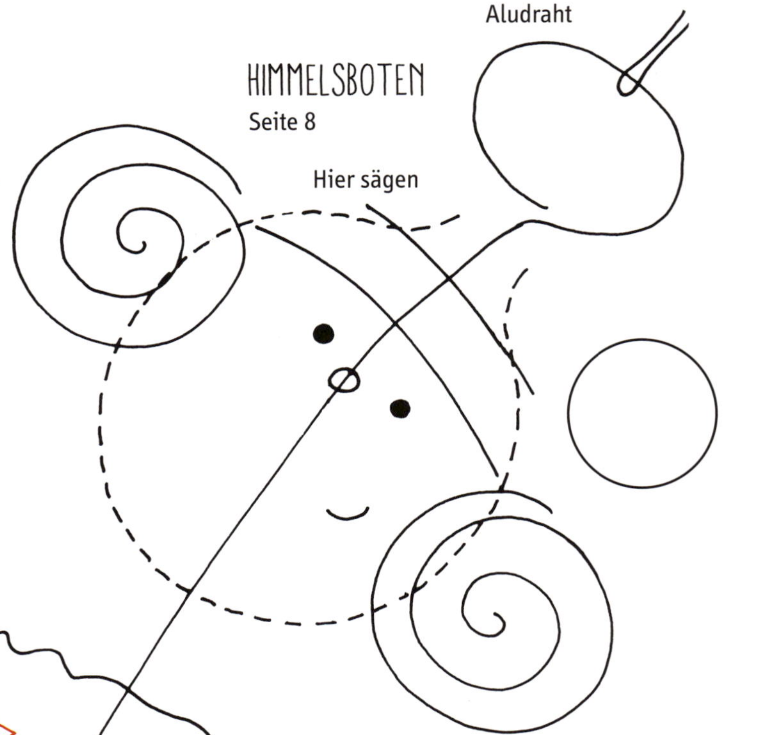

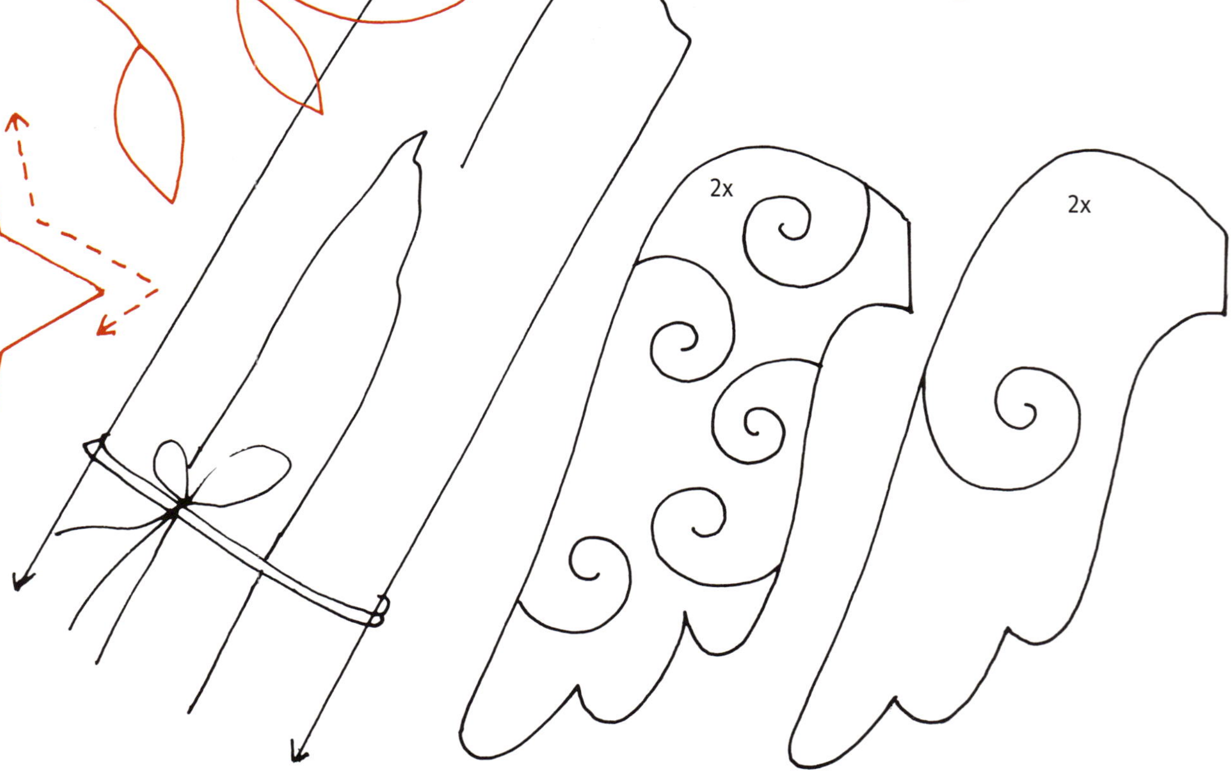

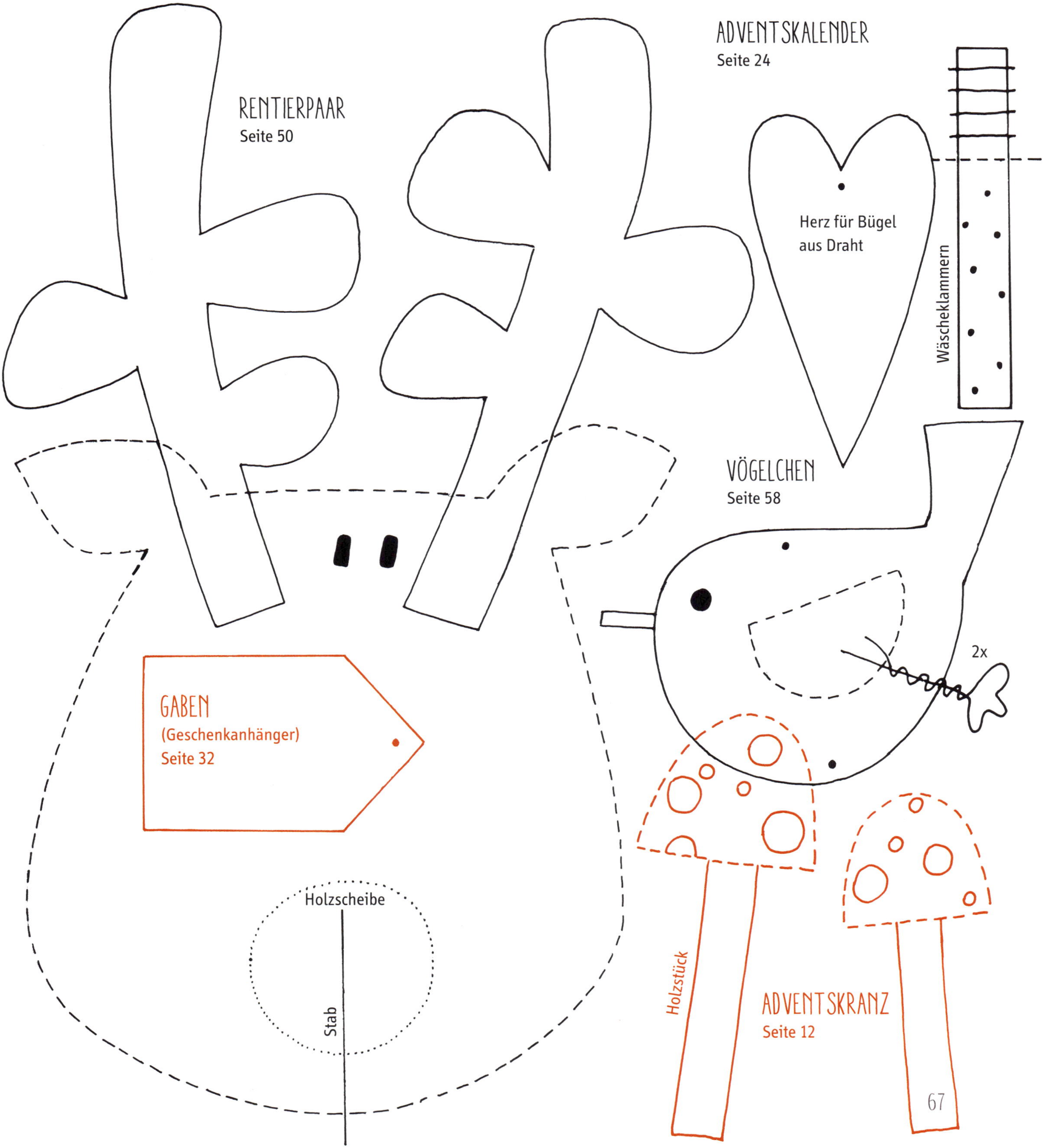
RENTIERPAAR
Seite 50
ADVENTSKALENDER
Seite 24
Herz für Bügel
aus Draht
Wäscheklammern
VÖGELCHEN
Seite 58
2x
GABEN
(Geschenkanhänger)
Seite 32
Holzscheibe
Stab
Holzstück
ADVENTSKRANZ
Seite 12

WEIHNACHTSMANN

Seite 16

Bitte auf 200 % vergrößern

ENGELCHEN

Seite 28

TANNENBAUM

Seite 52

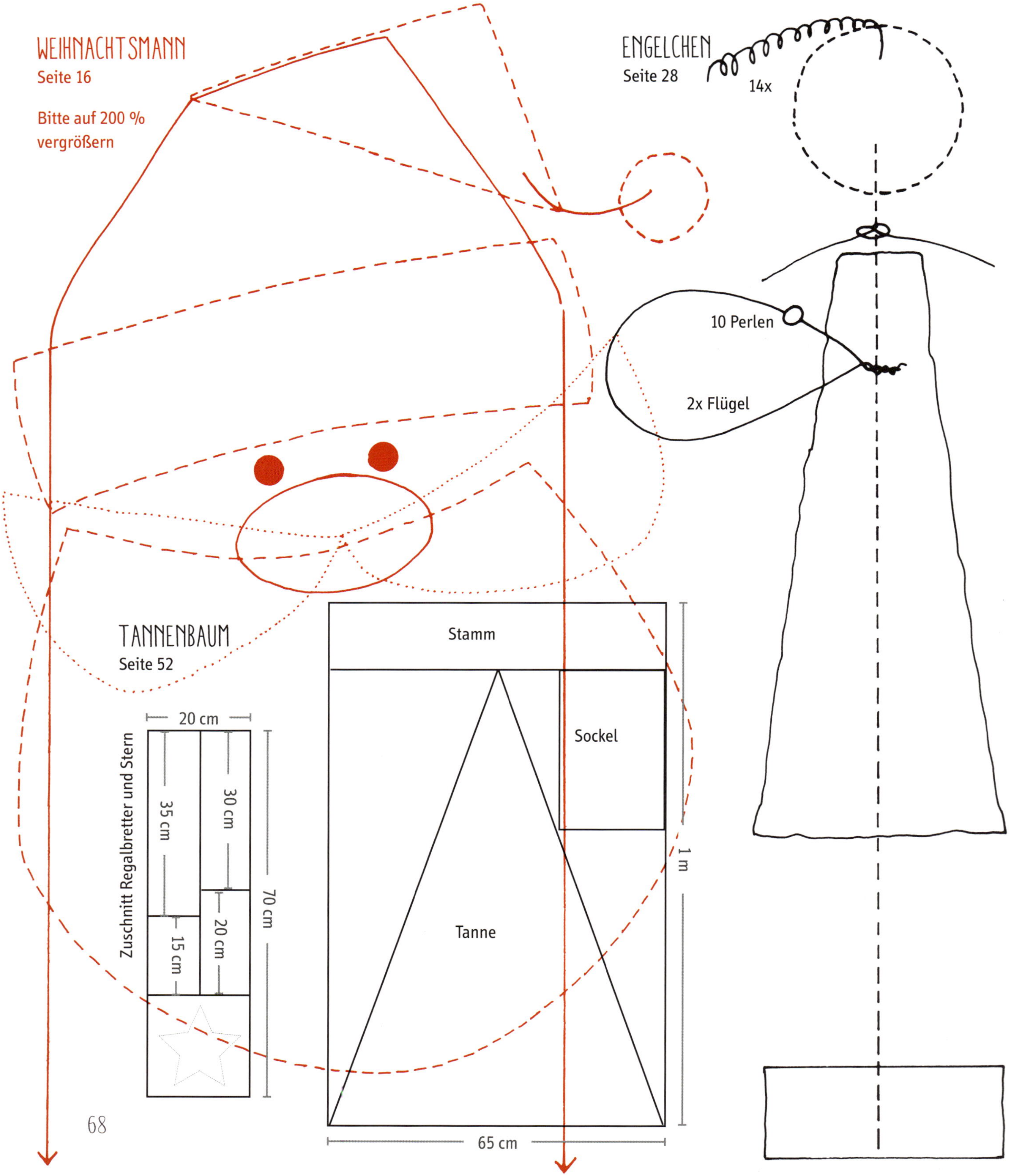

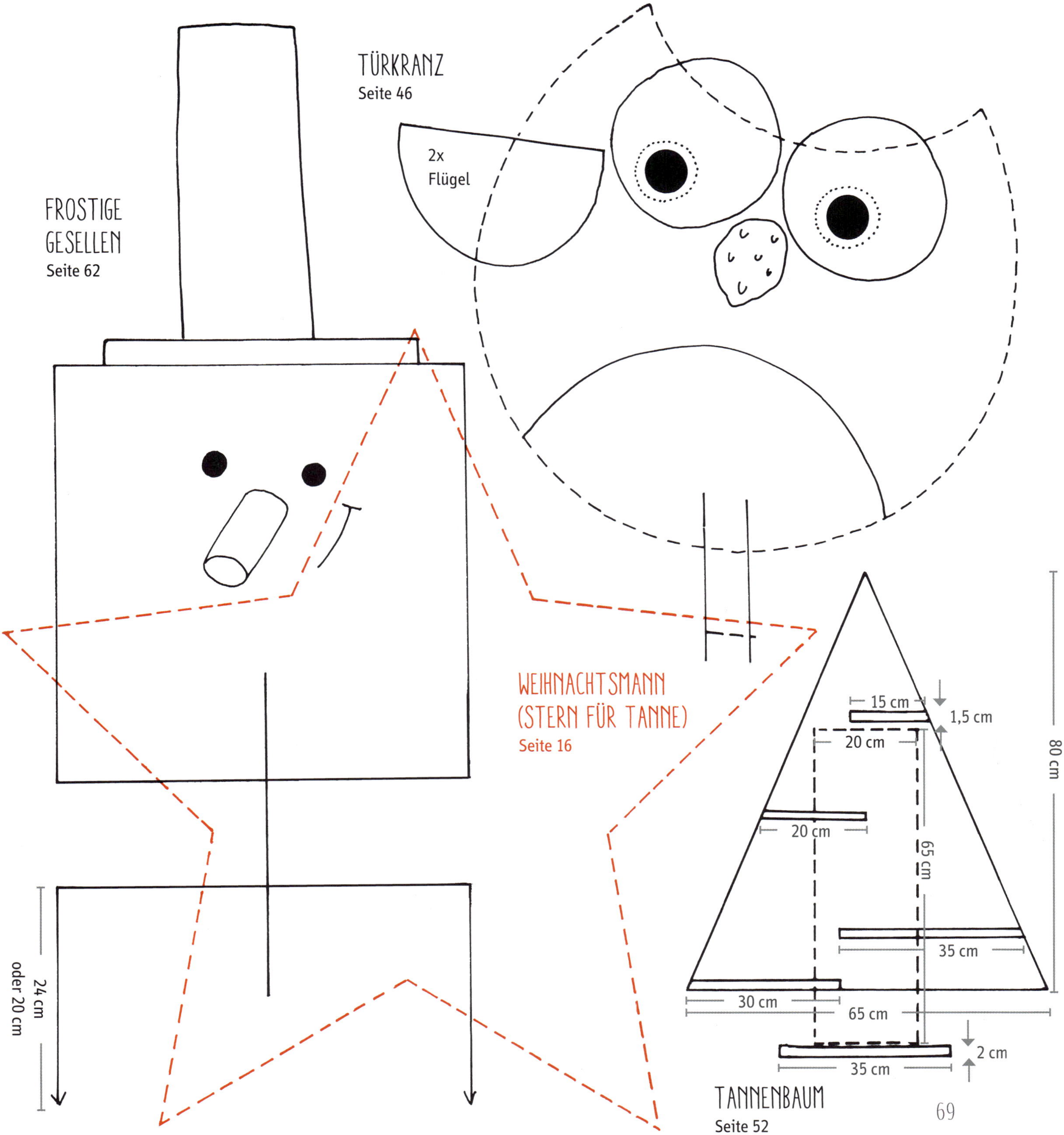
TÜRKRANZ
Seite 46
2x
Flügel
FROSTIGE
GESELLEN
Seite 62
24 cm
oder 20 cm
WEIHNACHTSMANN
(STERN FÜR TANNE)
Seite 16
15 cm
1,5 cm
20 cm
80 cm
20 cm
65 cm
35 cm
30 cm
65 cm
2 cm
35 cm
TANNENBAUM
Seite 52

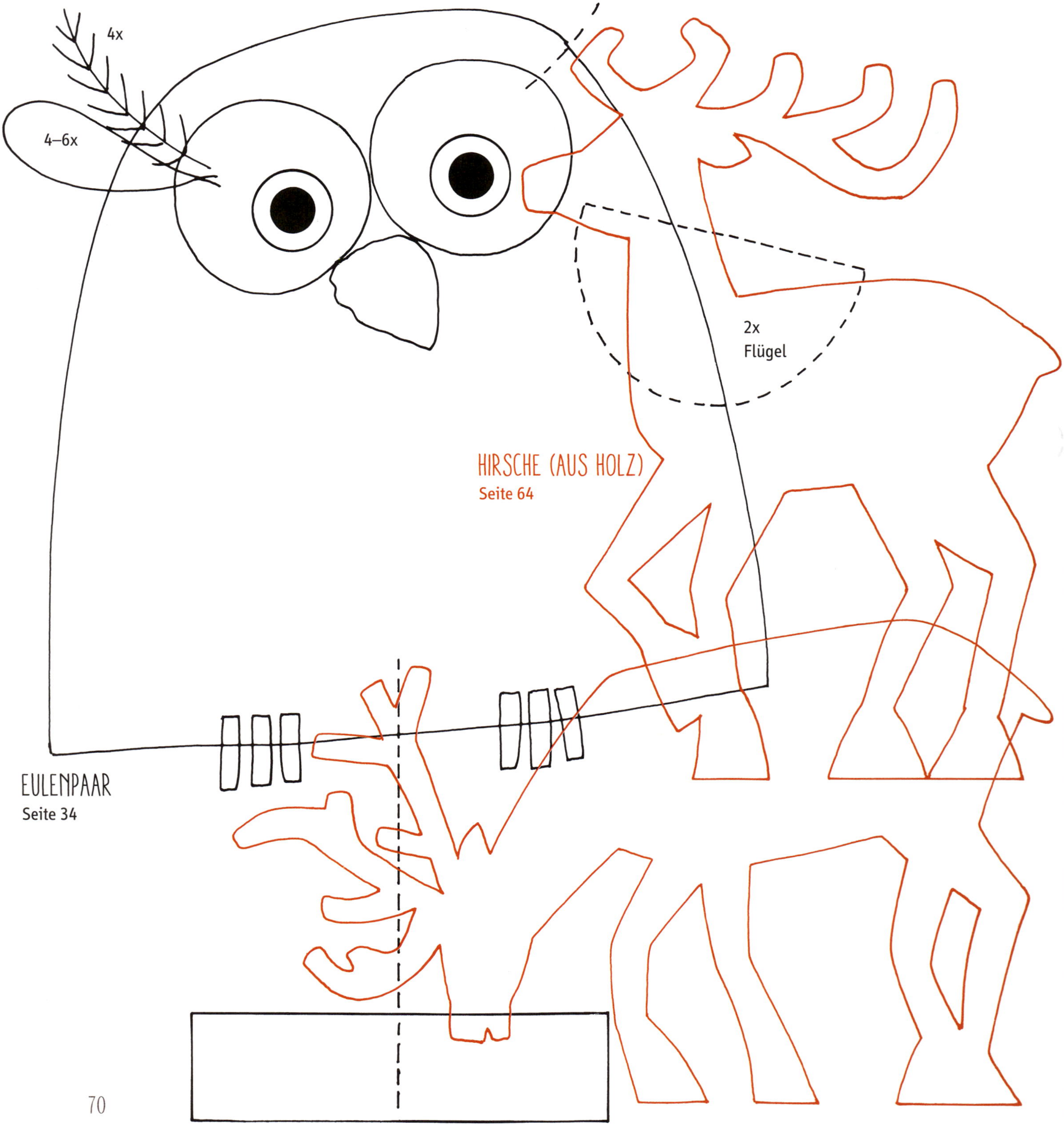

HIRSCHE (AUS HOLZ)
Seite 64

EULENPAAR
Seite 34

EULENPAAR

Seite 34

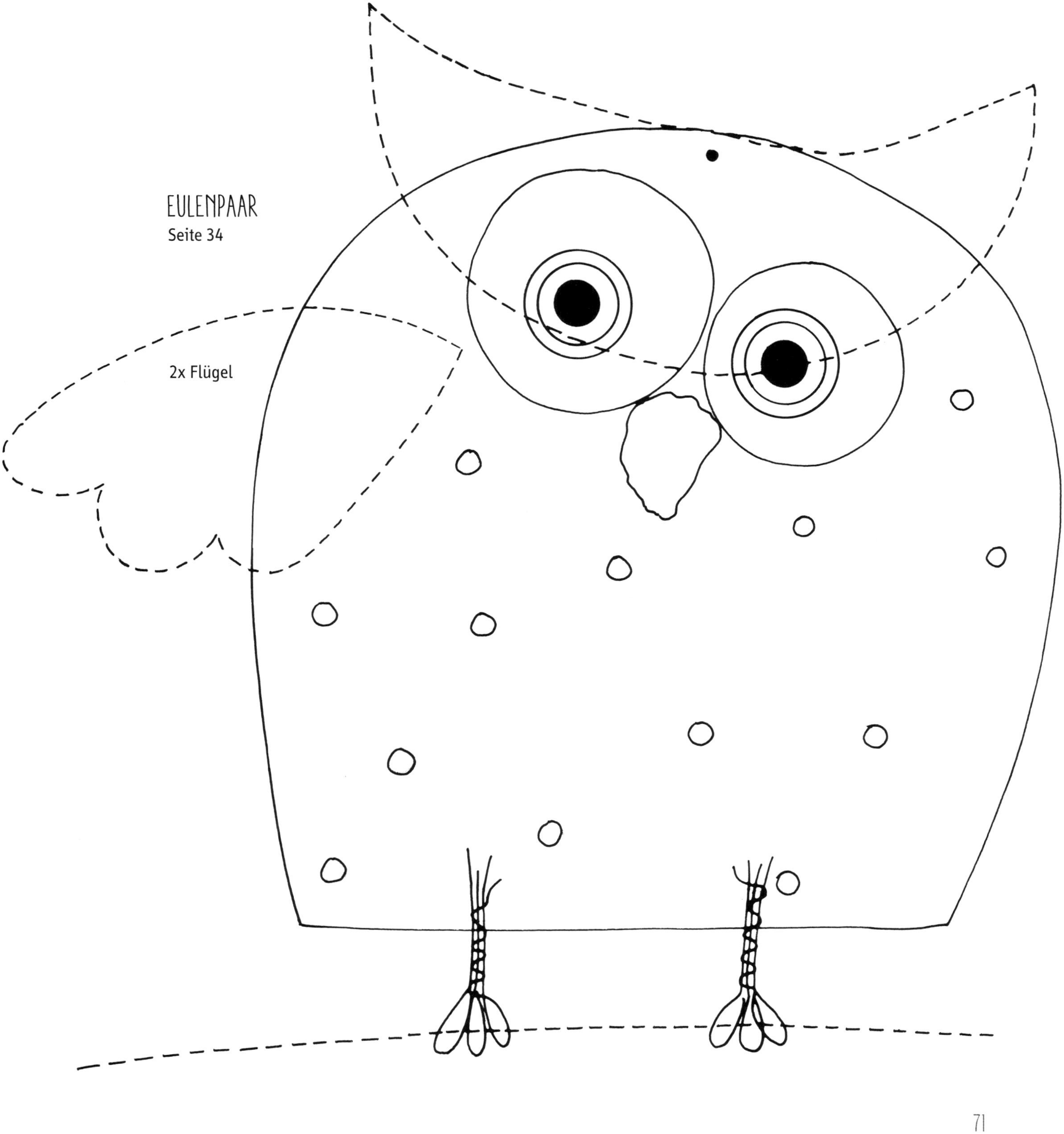

WINTERMANDALA

Seite 38

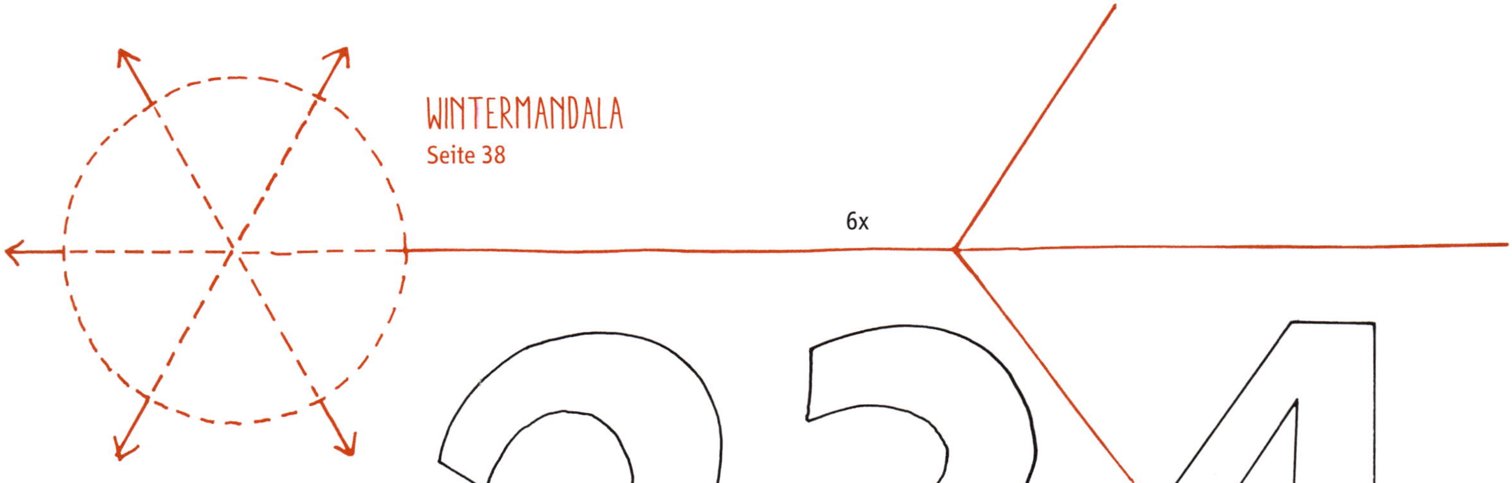

ADVENTSKERZEN

Seite 30

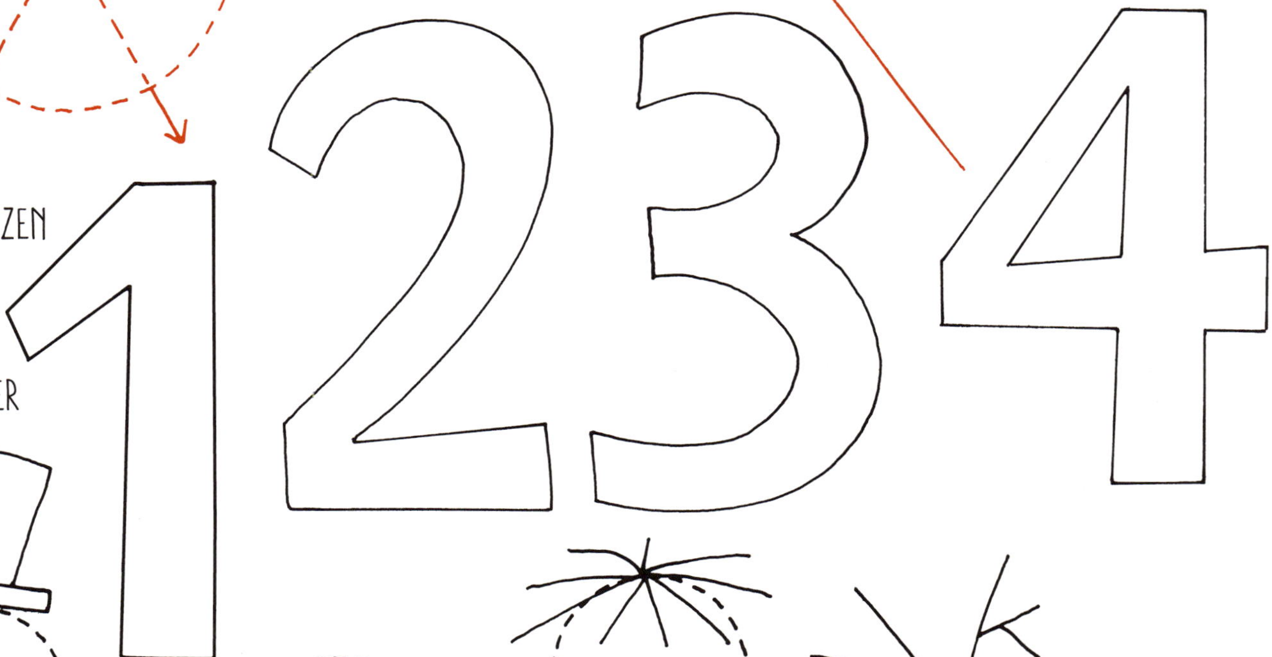

SCHNEEGLÄSER

Seite 19

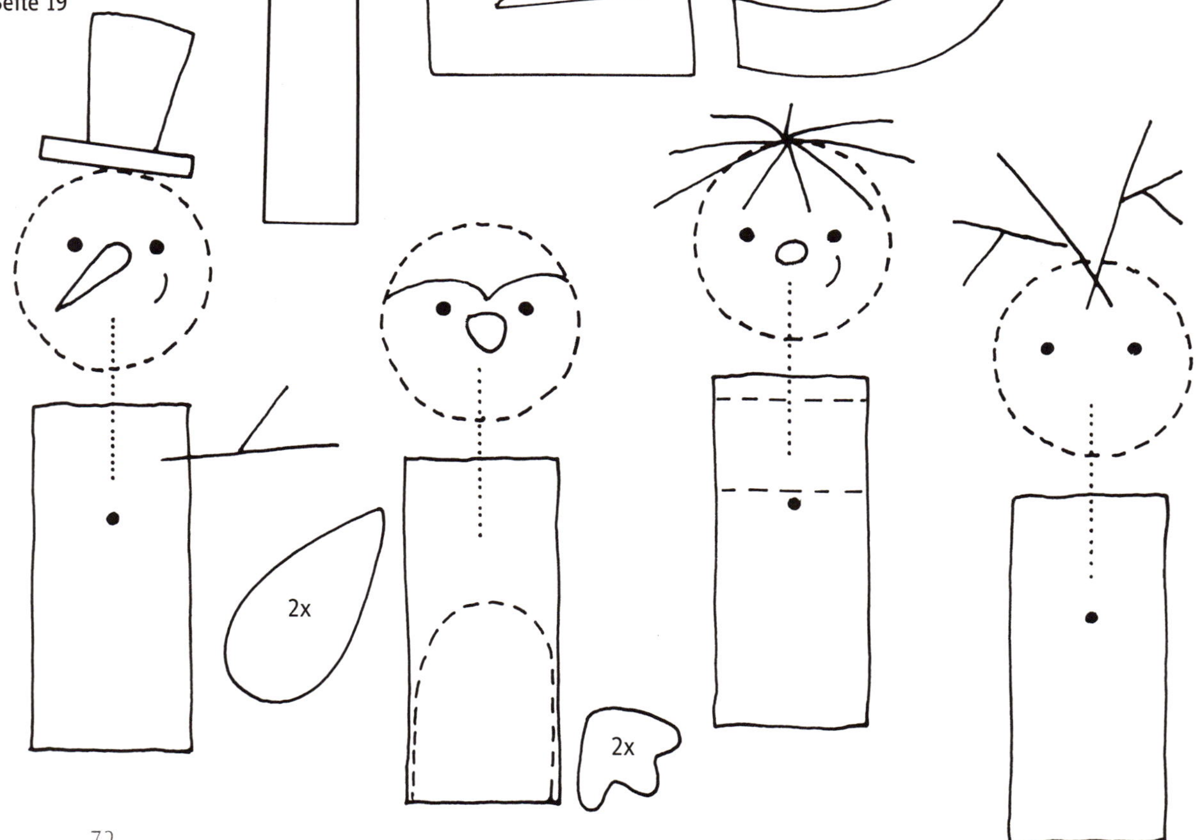

PIEPMATZ

Seite 48

WEIHNACHTSSTERNE

Seite 26

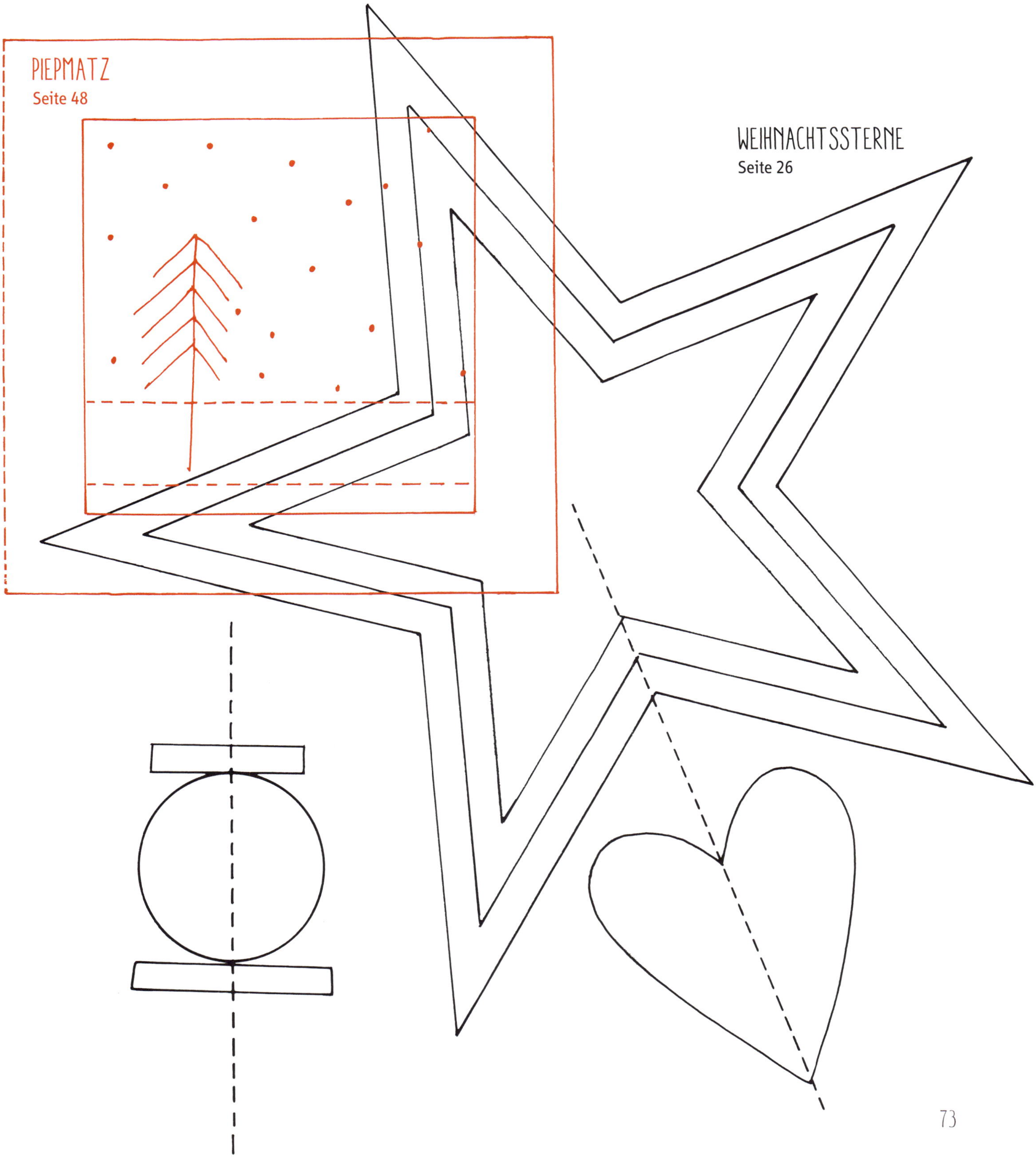

HIRSCHE (KEILRAHMENMOTIV)

Seite 64

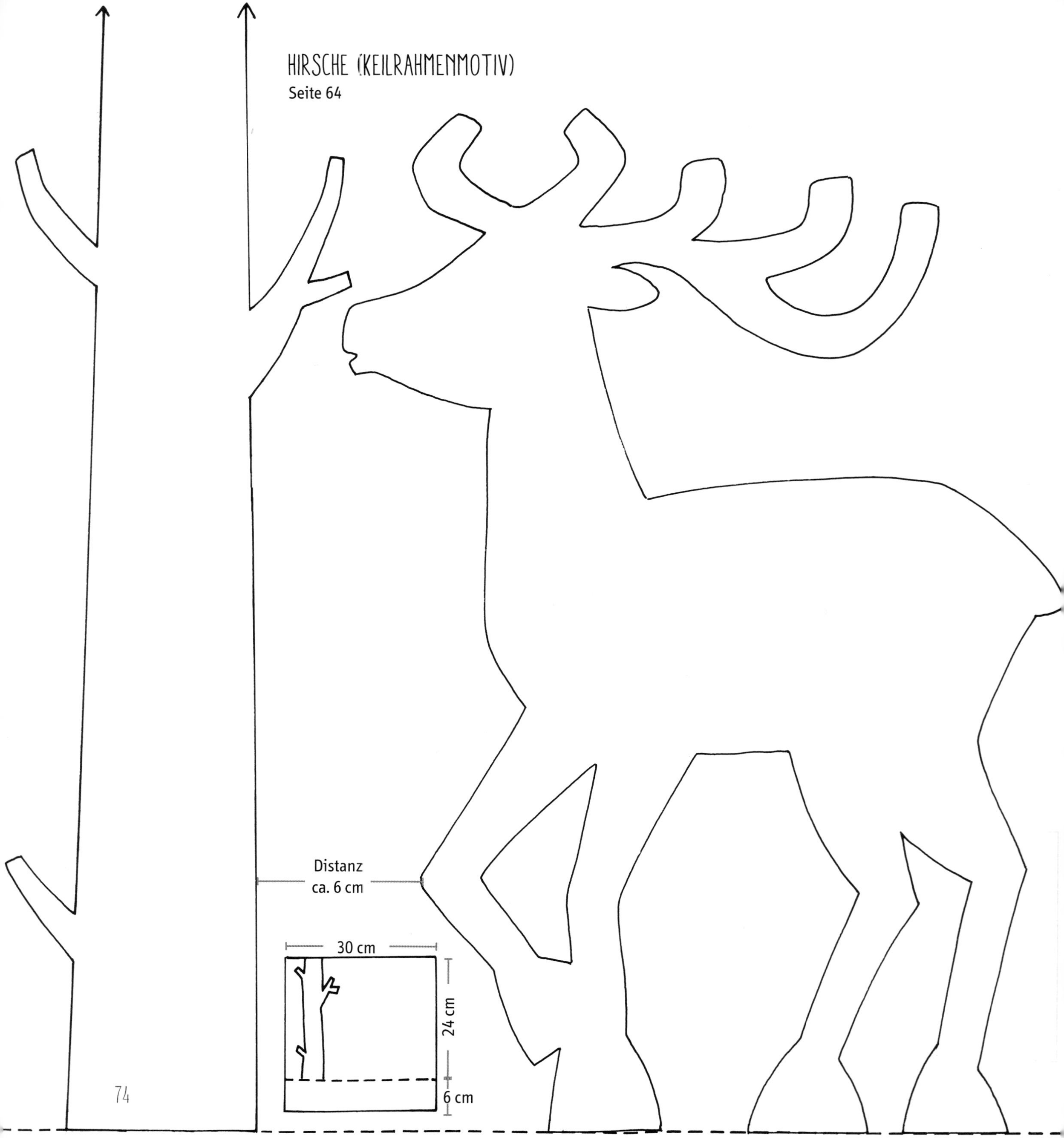

SYMPATHISCHER SCHNEEMANN

Seite 36

Bitte auf 200 % vergrößern

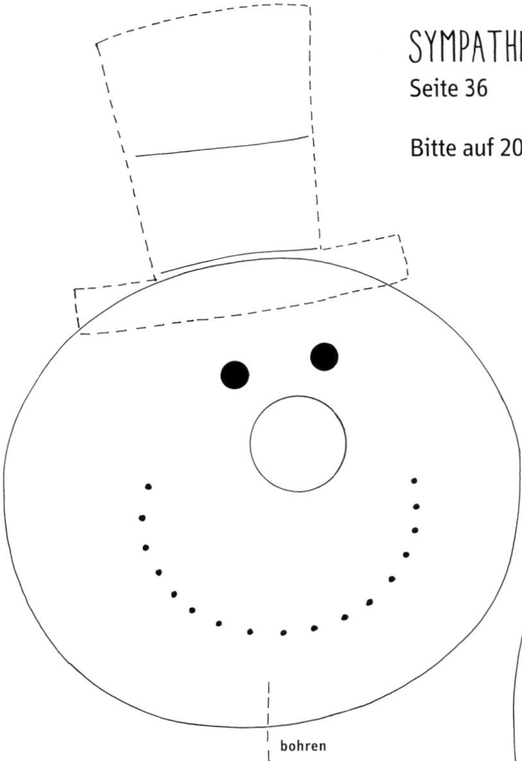

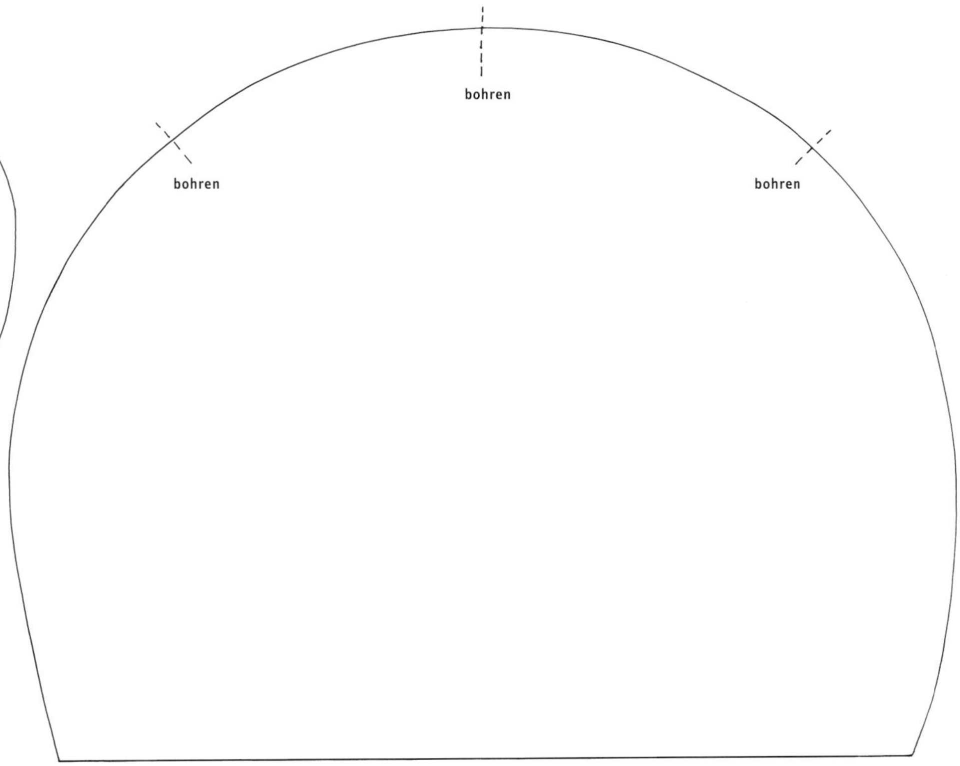

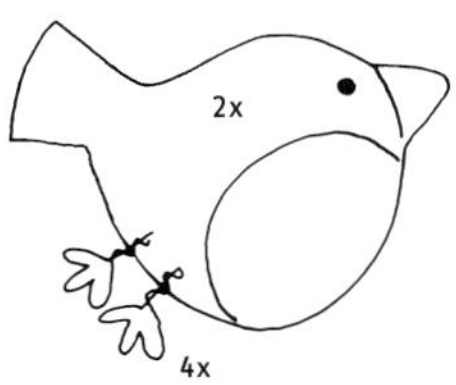

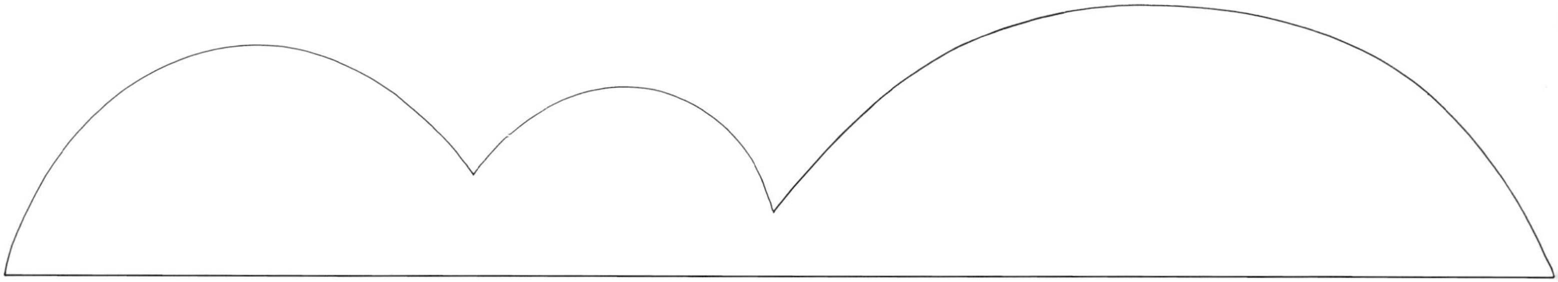

SYMPATHISCHER SCHNEEMANN

Seite 36

Bitte auf 200 % vergrößern

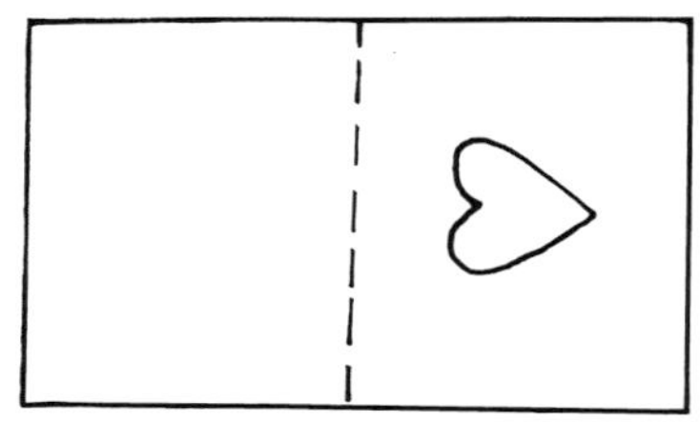

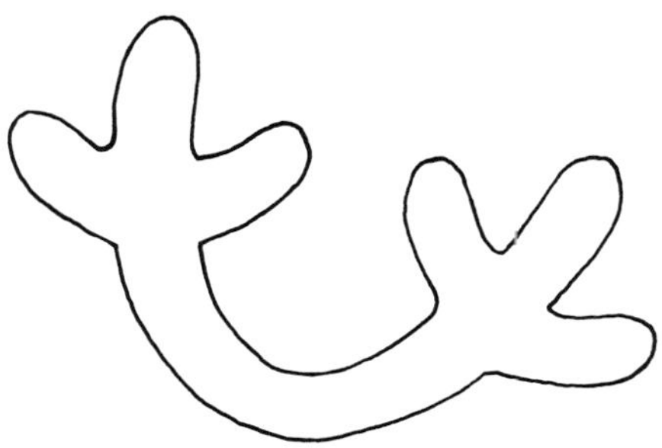

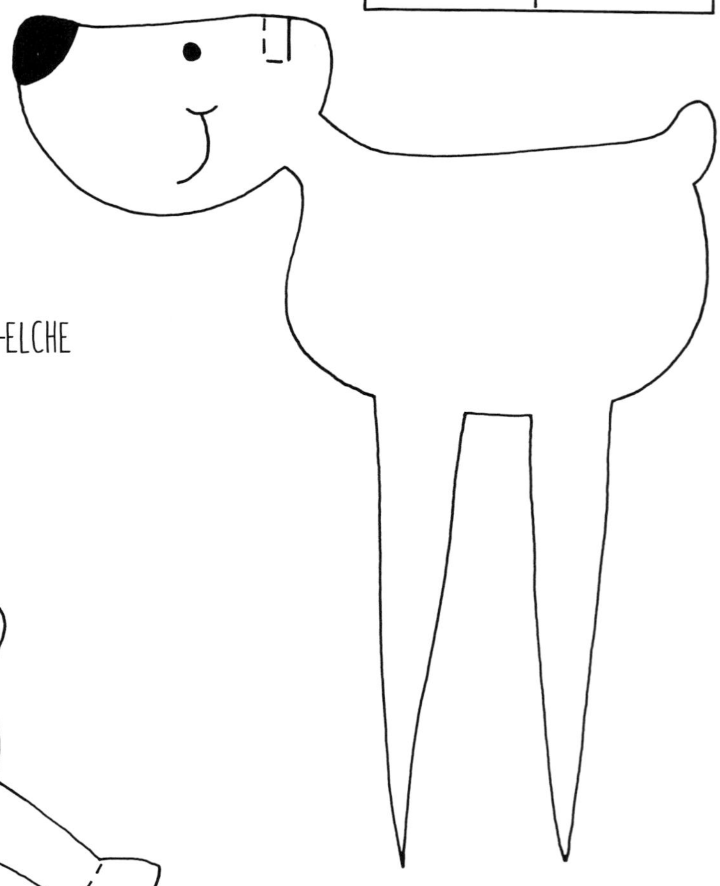

LUSTIGE LICHTER-ELCHE

Seite 22

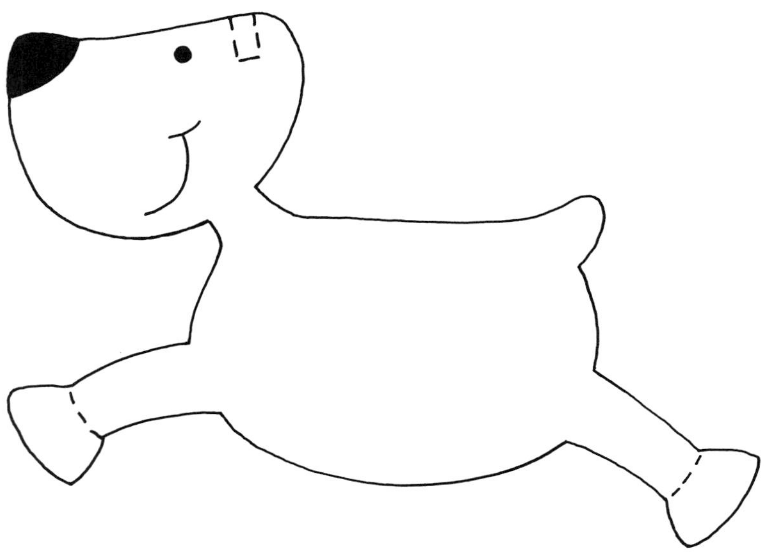

LIEBE ENGELCHEN

Seite 56

Bitte auf 250 % vergrößern

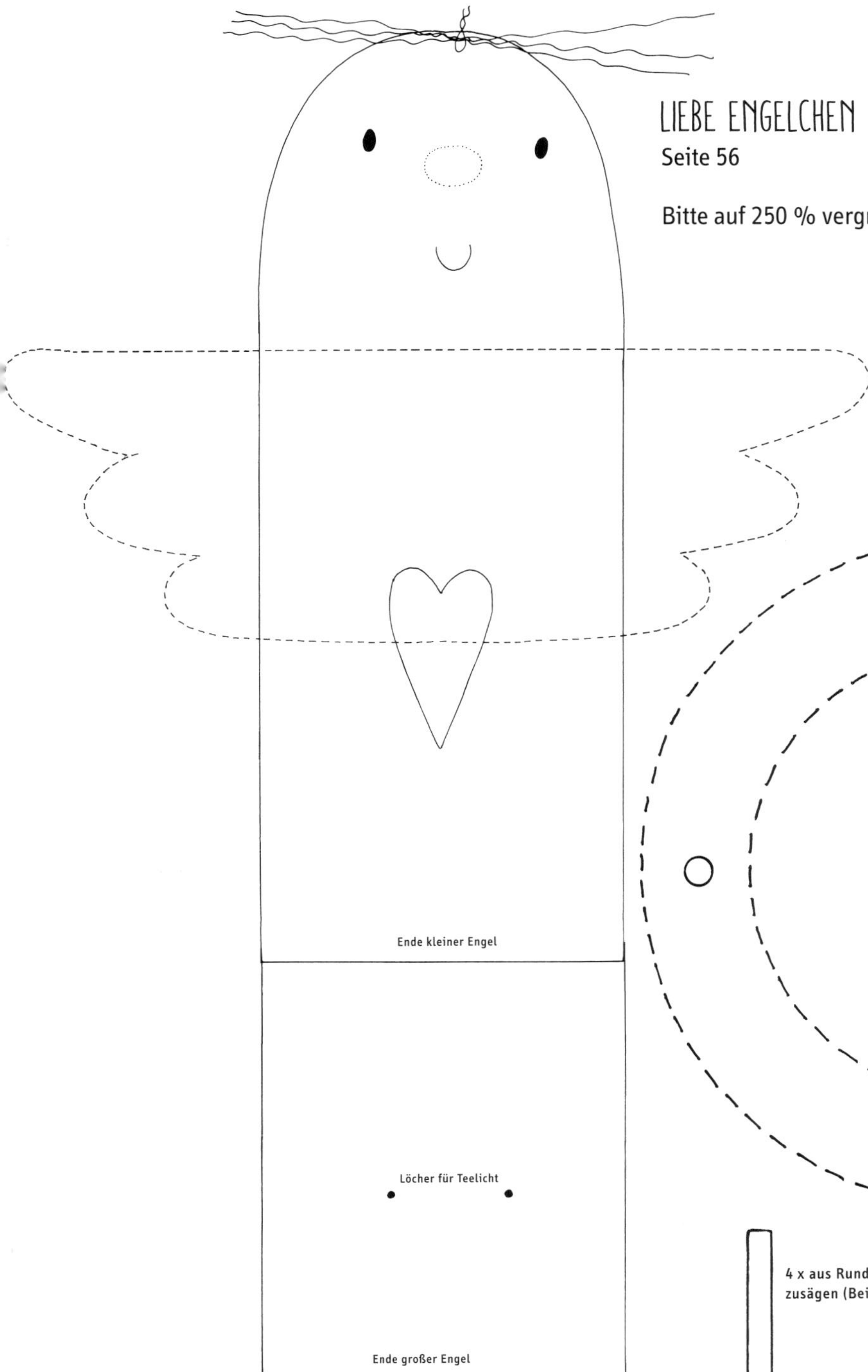

VERGNÜGTE RENTIERE

Seite 40

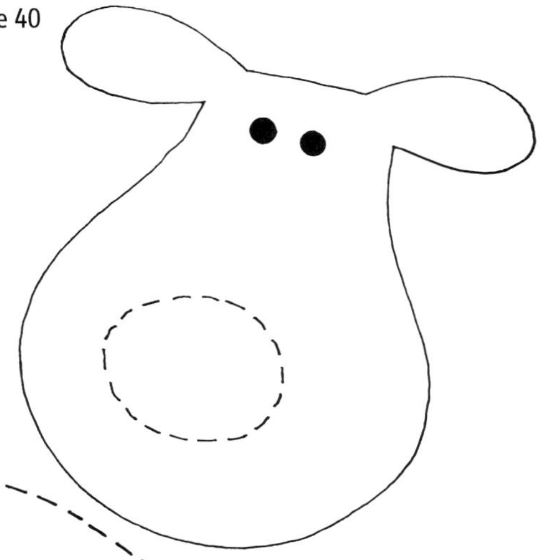

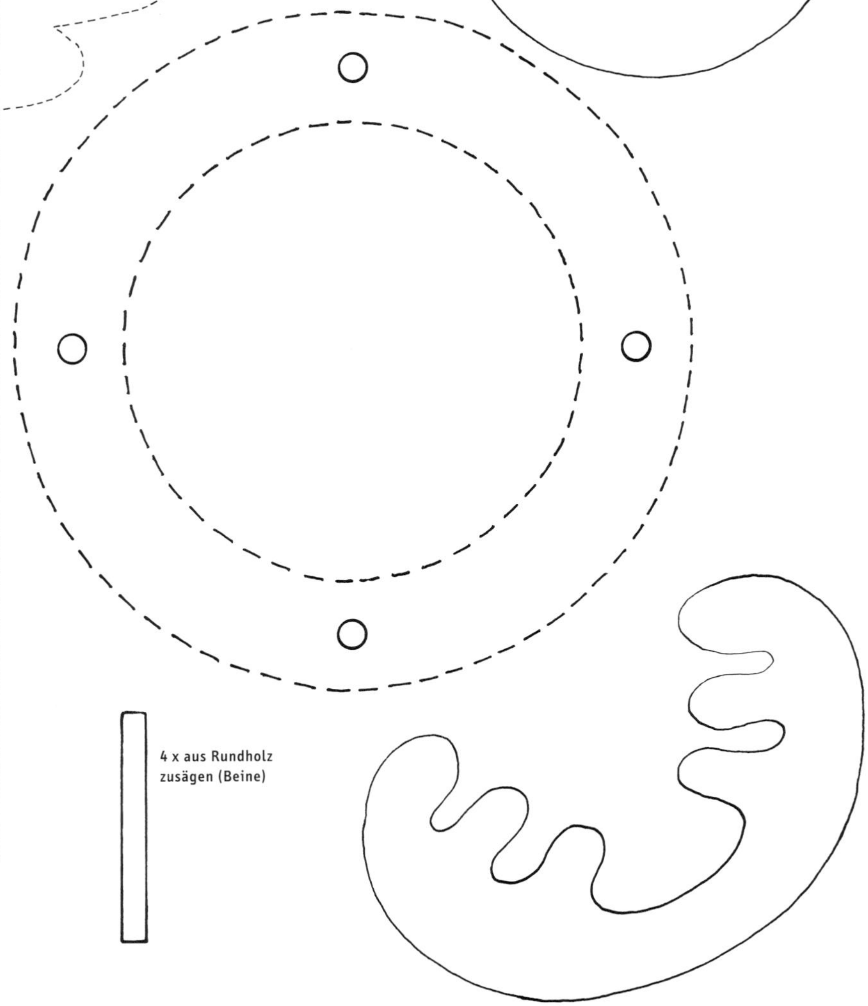

AUTORIN

Pia Pedevilla, ladinischer Muttersprache, lebt in Bruneck (Südtirol). Sie studierte Kunst in Gröden und Werbegrafik in Urbino. Seit Jahren ist sie im Bereich der Illustration und des Designs für Kinder tätig, entwirft Holz- und Stoffspielzeug, didaktische Spiele für Kinder im Vorschulalter, Lichtobjekte und Teppiche. Viele Jahre hat sie an der Grundschule mit Kindern gebastelt und gemalt. Heute leitet sie Fortbildungskurse für Lehrer und interessierte Erwachsene. Im frechverlag hat sie mehrere Bücher über verschiedene Arbeitstechniken veröffentlicht.

Auf ihrer Internetseite können Sie einen Blick in ihre Bücher werfen und erhalten Basteltipps sowie das aktuelle Kursangebot: **www.piapedevilla.com**

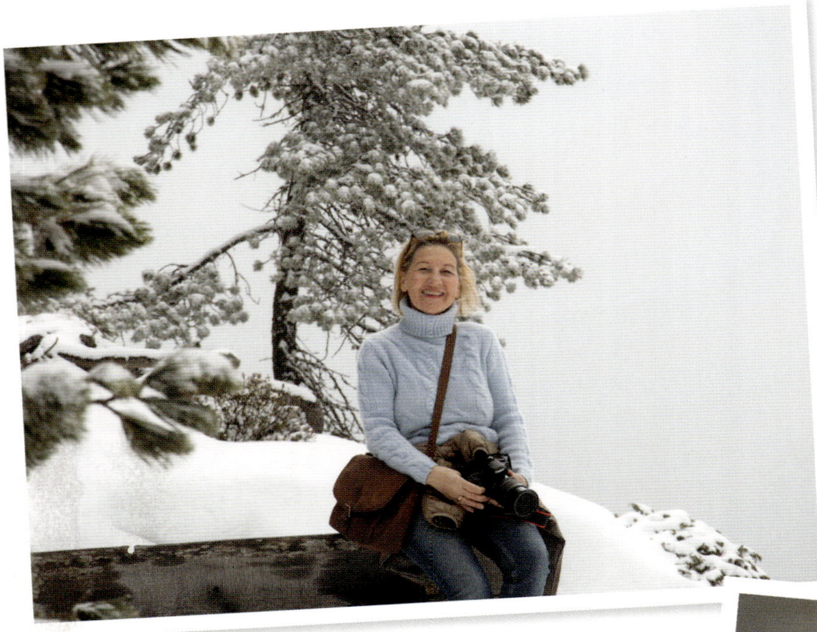

DANKE!

Ein besonderes Dankeschön an meinen Freund Dario für seine Unterstützung, an Monique Rahner und Eva Klingler für die schönen Fotos, an Möbel Erlacher aus St. Martin in Thurn für das Ausschneiden der Holzfiguren, an Ezio für das Vögelchen-Fotos rechts, an Carlo Dapoz für die Bilder S. 4/5 und 79, an Filomena für ihre guten Tipps zur Komposition von Naturmaterialien und an alle Freunde, die mir geholfen haben.

Herzlichen Dank an Rayher Hobby für die großzügige Unterstützung mit Bastelmaterial. Außerdem danke ich Hotex, Marpa Jansen, Folia, Heindesign, Heyda, Opitec und Goldina für die Bereitstellung von Materialien.

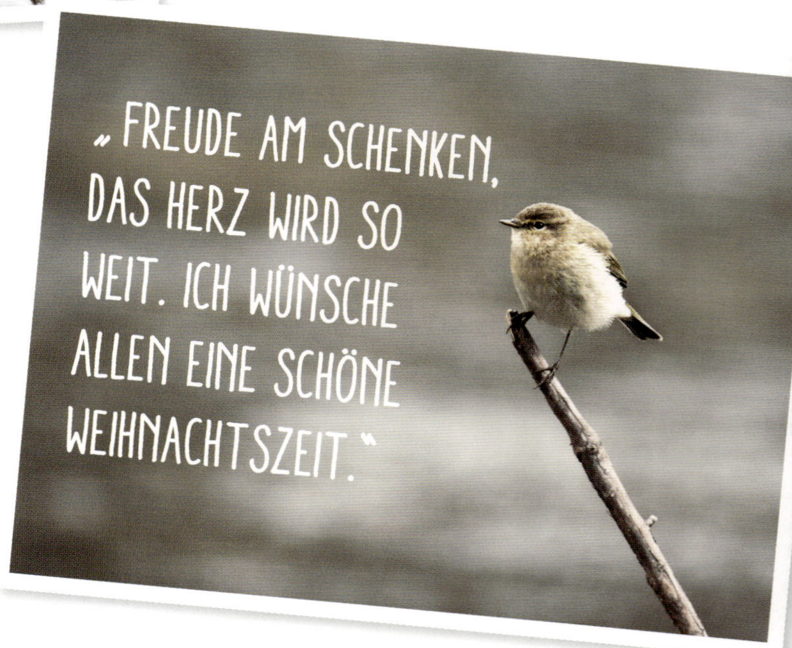

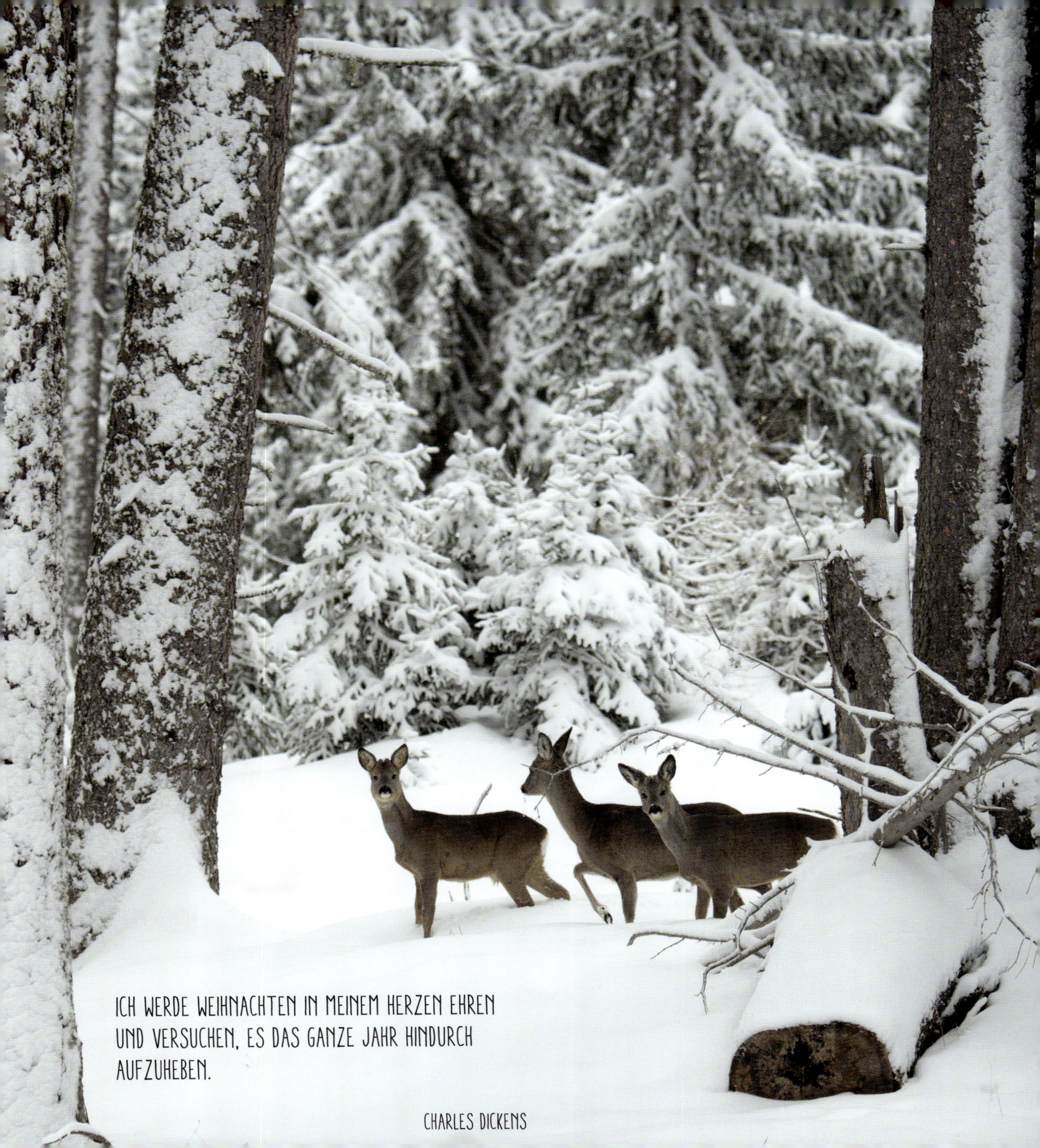

ICH WERDE WEIHNACHTEN IN MEINEM HERZEN EHREN UND VERSUCHEN, ES DAS GANZE JAHR HINDURCH AUFZUHEBEN.

CHARLES DICKENS

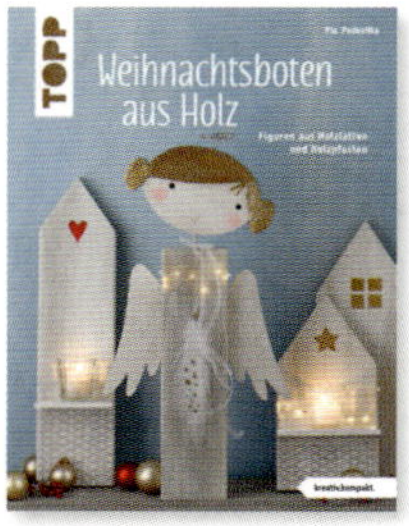

TOPP 4272
ISBN 978-3-7724-4272-8

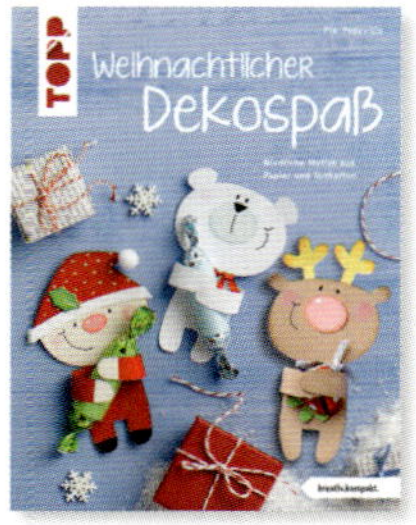

TOPP 4232
ISBN 978-3-7724-4232-2

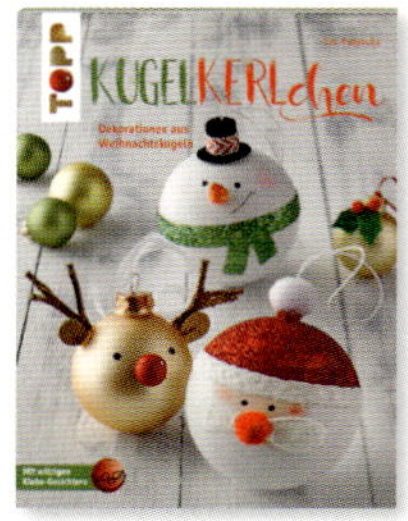

TOPP 4231
ISBN 978-3-7724-4231-5

UNSER VOLLSTÄNDIGES PROGRAMM FINDEN SIE UNTER:

WWW.TOPP-KREATIV.DE

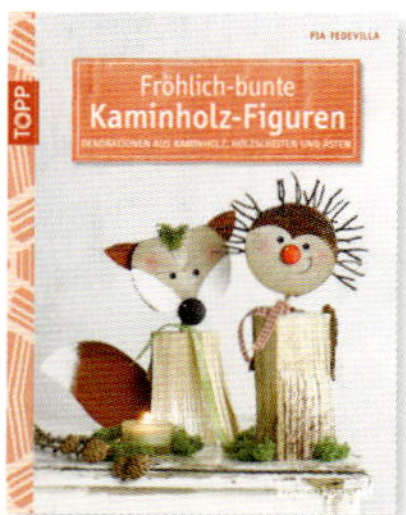

TOPP 4161
ISBN 978-3-7724-4161-5

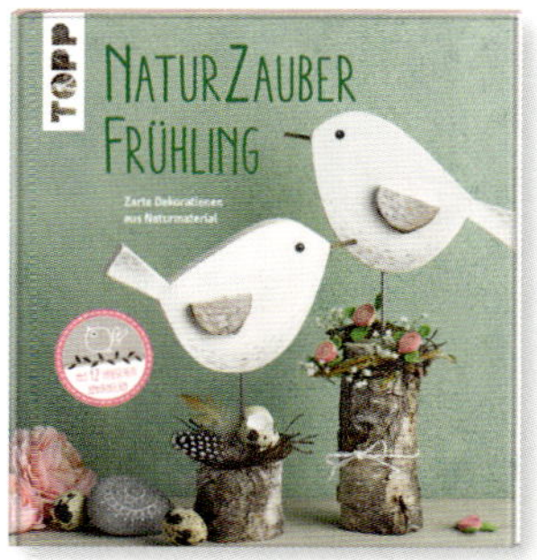

TOPP 7691
ISBN 978-3-7724-7691-4

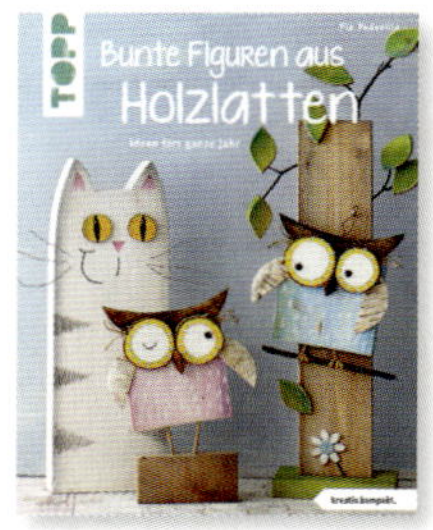

TOPP 4211
ISBN 978-3-7724-4211-7

FOTOS: frechverlag GmbH, 70499 Stuttgart; fotolia.de: Marianne Mayer (Seite 64); Carlo Dapoz, Naturfotograf (S. 4 und 79); Pia Pedevilla (alle Arbeitsschrittfotos); Michael Ruder, Stuttgart (alle anderen)
PRODUKTMANAGEMENT: Monique Rahner, Ulrike Voigt
LEKTORAT: Redaktionsbüro Uta Koßmagk, Wiesbaden; Monique Rahner
LAYOUT UND SATZ: Sophia Höpfner, Katrin Röhlig
DRUCK UND BINDUNG: Livonia Print SIA, Lettland

Erweiterte Neuauflage von TOPP 7589, 1. Auflage 2017

ISBN 978-3-7724-7713-3 · Best.-Nr. 7713

Hilfestellung zu allen Fragen, die Material und unsere Bücher betreffen, erhalten Sie bei unserem **Kreativservice** von Erika Noll unter 05052/911858 (normale Telefongebühren).

E-Mail: mail@kreativ-service.info